我选择了
不同的路

一位语言天才兼自闭症患者的独特见证

Josef Schovanec
[法] 约瑟夫 · 乔瓦内克 著
陈凌娟 译

上海交通大學出版社
SHANGHAI JIAO TONG UNIVERSITY PRESS

内容提要：

这本自传作品可以说是为广大和约瑟夫·乔瓦内克一样因为自闭症而饱受外界异样眼光的患者们代言。约瑟夫·乔瓦内克以自身的独特经历，见证这个世界上除了“正常”，还有一样东西是“差异”。而自闭症在他眼里更像是一种优点，而不是一种缺陷。人类个性的复杂体现出各种各样的特点，“自闭”也是一种特点，它们共同构成世界的美丽与精彩。

图书在版编目（CIP）数据

我选择了不同的路/（法）乔瓦内克著；陈凌娟译
.—上海：上海交通大学出版社，2014
ISBN 978-7-313-12119-6

Ⅰ.①我… Ⅱ.①乔… ②陈… Ⅲ.①乔瓦内克—自传 Ⅳ.①K835.658

中国版本图书馆CIP数据核字（2014）第229032号

上海市版权局著作权合同登记号：图字 09-2014-763

我选择了不同的路

著　　者：[法]约瑟夫·乔瓦内克　　译　　者：陈凌娟
出版发行：上海交通大学出版社　　地　　址：上海市番禺路951号
邮政编码：200030　　电　　话：021-64071208
出 版 人：韩建民
印　　制：北京玥实印刷有限公司　　经　　销：全国新华书店
开　　本：787mm×960mm　1/16　　印　　张：12
字　　数：149千字
版　　次：2014年11月第1版　　印　　次：2014年11月第1次印刷
书　　号：ISBN 978-7-313-12119-6/K
定　　价：32.00元

目 录

CONTENTS

第6章 人是唯一的财富：朋友和工作

第7章 正常状态中的反常，或为什么（不）正常

第8章 社团生活：自闭症的终极阶段？

结论

推荐序一　把自己设想为他人

一次相遇有时会给我们留下深刻的印象，远远超出我们所能料想的。

这正是发生在我和约瑟夫·乔瓦内克之间的事情。

我们第一次见面是在波堡大街，那天我刚结束在蓬皮杜中心的一场讲座，大概22点，我在离蓬皮杜中心100米左右的一家咖啡馆二楼与他相约见面。

当时我是国家伦理咨询委员会的顾问，委员会即将公布——或刚刚公布——102号公告，《关于法国患有自闭症的儿童及成人的情况报告》。

整个一年间，我见了许多由自闭症患者家庭组成的协会成员，另一个协会的两位负责人联系了我，想要探讨一下阿斯伯格征患者的特殊情况。

约瑟夫就是其中之一。我们谈了一个小时。之后，我们又见了好几次面。我与他见面的次数越多，倾听得越多，交谈得越多，我就越发觉这个人是如此的敏锐，心智聪颖，具有非凡的素养。

那次会面本来只是源于担心是否能够更好地了解自闭症患者在获取自身基本权益方面所遇到的社会障碍——就学的权利以及合适的受教育权，工作权利，与他人一起生活的权利——这就促成了我与这个男人的会面。

约瑟夫和我，以及我的妻子法比耶纳之间结下了深厚的友情。

有人说，约瑟夫*患有*阿斯伯格综合征，他*遭受*阿斯伯格综合征的折磨，他是阿斯伯格综合征患者……

但这意味着什么呢？

我们都是独特的，无论我们给予自身的某些特点以怎样的名字。莫里斯·布朗肖说："命名是一种暴力，它为了称呼的便捷而把被取名的事物排除在外。"

在《身份与暴力——命运的幻象》一书中，阿马蒂亚·森详述了一种思考，即对于将人限制于其某个"身份"的危险。森说，我们每个人都具有多重且易变的身份，在我们的一生中，根据我们的关系网——我们具有家庭身份、职业身份、文化身份、生物身份、哲学身份、地区身份、精神身份……对于森而言，尝试把人们限制于，或让人们自我封闭于这些多重身份中的某个身份，犹如构成世界上歧视和暴力的唯一主要来源。他指出，一个人与他人所能理解的——其自身能理解的——相比，总是不一样的，始终显现出多样化。很难给予这个十分重要的部分以详细的说明，但正是这个部分使每个人既不同于任何人，同时又等同于他人。

如何发现看似无法进入的内心世界的丰富性和独特性？

有一些故事是由亲身经历过的人写的。丹尼尔·塔米特的作品《星期三是蓝色的》中写道："我出生于一个周三，我知道是一个周三，因为在我的脑中这个日期是蓝色的，星期三总是蓝色的，就像数字9，或是人们正在争吵时发出的嘈杂声。"

还有西里·赫斯特福德的作品《颤抖的女人》中写道："2006年5月的一天，我在一片万里无云的蓝天下站起身来，然后开始说话。我一张开嘴，就开始剧烈地颤抖。那天我颤抖了，此后我又颤抖了好多次。我就是颤抖的女人。"

这是一些极具勇气的故事。应该"敢于承认残缺，不带任何护甲前行，赤裸裸地面对生存"，《残缺颂》的作者亚历山大·乔利安如此写道。

神经科医生兼作家奥利弗·萨克斯在其最后一本著作《看得见的盲人》中向我们揭示了，他自童年起就无法识别人脸，也无法识别地点，甚至无法认出镜子里自己的面容。人脸和地点对他而言永远是没有尽头、令他迷失的迷宫。

奥利弗·萨克斯的这个特征向我们说明了什么？从童年时起他所经历的困难，大部分他所遇到的人对此不理解，他们认为他是轻蔑或冷淡的，他所做的大量工作就是为了补偿这种残疾。还有，这种无法把面容特征记录至记忆中的情况可能有助于使其投入到对他人的异常冲动之中，投入到被艾玛努埃尔·勒威纳斯称为真正的面容寻觅之中。这张看不到的脸，如此亲密，以至于只需灵魂及心灵的一瞥便能与之靠近。

而对于约瑟夫而言也是一样的。

这种特质是其存在的一部分，是极其脆弱的一部分，但也是他的财富，由此他完成了关于其自身的大量研究，此外他对于世界、自己和他人的看法也是极具深度的。说不出话的孩子却已经会读书写字了，他将热情、伦理融入语言学习之中，语言学习让他得以结识他人，试图从其内心最深处去了解自己，也尝试去保护如此脆弱的财富，以至于他所学习的每种语言都成为了其特质的一部分。

保罗·里克尔说，道德是"把自己设想为他人"。不只是把他人设想成我们自己，而应该谦虚地 "把自己设想成我们并不认识的人"，必须通过与此人的会面去了解他。这个他人，永远需要发现，永远需要认识，永远需要重塑。就如同我们身上的一种缺失，既是我们的一部分，又同时存在于所有其他人的身上。

约瑟夫·乔瓦内克使我透过他的眼睛去发现一个至今为止我仍然一无所知的真实领域。

这是一本令人震撼的作品，特别的细腻，满腹情感。

这也是一本杰出的探险故事，充满了机智、优雅、勇气、幽默感，并具有无国界文化的深度。

这是一堂有关生命、人性的课程。

让·克罗德·阿梅森

医生、研究员、法国国家伦理咨询委员会成员

推荐序二　非凡的智者

一天晚上，一个举止十分奇特的瘦高个子在郊区的一座体育馆里举行了一场讲座，他就像从蒂姆·伯顿电影中走出的人物——声调很慢，外来口音，用词准确，非常幽默，整个大厅不时爆发出笑声。

出于电影[1]需要开始进行调查时，我对自闭症和自闭症患者的了解几乎为零。与约瑟夫·乔瓦内克的第一次会面彻底打破了我预先的设想，并且在很大程度上确定我工作的方向。这次会面既是一次启示，也是一次发现。首先，我觉得这个男人十分杰出、机智，言辞都经过一定的推敲，话语间具有一种令人感动且能使人消除疑虑的人情味。随后，我所发现的事实就如同一个公共卫生丑闻，即法国是诊断自闭症最落后的国家之一，诸如在治疗以及对此类残疾病患的陪护方面。

1《雨果的大脑》，与法国电视二台合作拍摄的纪录片。

约瑟夫·乔瓦内克患有阿斯伯格综合征，他在6岁之前都无法说话。他在口头表达方面的障碍是如此大，以至于只有他的至亲才能够明白他。如果不是他的父母果断拒绝心理创伤不可逆的论点，这份沉默甚至可能导致他被送进精神病院，而我们就可能会永远失去一位非凡的智者了。

因为，这个被认为没有能力进入小学预备班的孩子，这个经常被认为是愚蠢的、有缺陷的或智力低能的少年，这个向别人问好，或走进一家咖啡馆都很费劲的男人，对于他而言，最微不足道的日常活动，如买面包或打个电话都成了无法克服的焦虑来源，而正是这个男人，他毕业于巴黎政治学院，如今是哲学博士，能流利地说多国语言，撰写演讲稿，在世界各地举办讲座。

约瑟夫·乔瓦内克是非常幸运的，他得到了来自周边人的关心照顾，并且找到了永不屈服的力量，但是在一个约瑟夫·乔瓦内克的背后，存在着数以千计6岁前没有被诊断出自闭症的患儿，其中有多少人会因此被宣判终生沉默呢?

重新回到我们记忆中的某个片段：学校操场上，一个孩子独自一人在角落里，穿着怪异，沉默不语，眼神游离，没有人和他或她说话，他或她是最恶劣的欺压和凌辱的理想猎物。身处这个世界，却无法理解其中的规则，当他想到自己是班里唯一一个经常在课间被殴打的学生时，约瑟夫·乔瓦内克才意识到了自己的不同。

但是，抱怨永远不是约瑟夫·乔瓦内克的风格，就如同我遇到的所有自闭症患者一样。他们经常远离所有的生活场所，学校、图书馆、游泳池、办公室，这样的行为会造成巨大的痛苦，但却从未使他们产生怨恨，他们也从不具有侵略性。相反，在令人无法生气的坦率和天真中，他们具有一颗好奇心，一种对他人极度的，甚至细腻的关注，如同成人对孩子的态度。

约瑟夫・乔瓦内克把自己的残疾当做成功的手段。他具有十分迷人的个性，他从来不会忘记自己从哪里来。在抑郁的日子里，他觉得自己没有国籍，而在灿烂的日子里，他便是世界公民，正是这样的一个男人给我们上了一堂令人印象深刻的有关人性的课。

索菲・雷菲勒

出品人

导言　与“自闭症”共同生活

为什么书一般都有导言？我对此一无所知。2008年末，我参加了在塔林大学举办的一场关于自闭症的研讨会。说实话，研讨会之后，我对于这个主题的了解仍然不多！但当我写下这本书最初的几行字时，关于那次出差的记忆犹如一篇生动的导言浮现在我的脑中：12月一个寒冷的夜晚，被由南边投来的几许微光勉强照亮，那是一门如此诡异的非欧洲语言，对这门语言的发现会成就我第二次行程稍长的旅行，以及许多其他的旅行。如今，当脚步将我带至别处时，我总能在人生旅程的影像中看到塔林古城的景象，利沃尼亚和库尔兰的风景。那是一场梦，一个从某种程度而言出人意料的、少有的、短暂的、真实的关于自闭症的故事。

让我们来解决（定义）自闭症

作品应该在导言中致力于一个任务：定义作品的主题或目的，我总是分不清这两个词，词义和词根对我毫无帮助。无论如何，我该怎么来定义自闭症呢？借助于医学课本中的引文？大量不容置疑的断言？我再一次不知所言了。我还可以尝试求助于人们的一些故事。总之，在希罗多德的笔下，不是产生了我们称之为伟大的历史著作吗？这部著作以大写“H ”开头，很快就穿上了“**主义”的外衣，从而成为一部用来追捕非正常人的机器，书中有一位通过收养而成为雅典人的哈利卡拿索斯土著人，他想要讲述所有人严肃而令人难以置信的生活，其实希腊人和蛮族人是一样的。几个世纪以来，好奇心为其赢得了头脑简单的名声。

我们就由此开始吧。根据普遍的共识，自闭症患者首先是傻瓜，或更确切地说是头脑迟钝的人。如果要使措辞显得渊博些，可以称为“有精神残疾的人”。最为讲究的说法是“患有精神残疾的人”，在等待更冗长的表达方式出现前，它已迫不及待地出现在网络上了。一旦疗养院护理形式超过医院护理形式而重新占据优势，笨蛋、傻子、疯子这样的称呼便会到处都是。甚至还没有提及一些关于课间休息、操场的词汇，因为每个人内心深处可能首先会想到那些词汇，所以提及这些词汇是一个更加无用的展现。

可以讲述许多有关此话题的故事，每天都有新故事。我应该承认这点：根据那些第一次遇见我的人的看法，我是个傻瓜。完全的傻瓜。有人对我说，在类似的情况下，我唯一该做的就是不张嘴，并希望别人注意到我的目光，这目光中闪耀着些许智力神经元活动的痕迹。因为我说起话来就像个傻瓜。我说话很慢，带有浓重的外国口音——我的乐趣之一就是听别人猜测我的国籍，从英国到西波勒岱维，当然还有卢森堡、罗马尼亚或瑞士的其他偏远地区，那些地区说的方言是难以定义的

“原-仿古-修辞-瑞士德语区的-罗曼什语”。有些我认识了几年的人总是认为，我对他们撒了谎，我既不出生在法国，也不像奥巴马那样出生在夏威夷，而是出生在西方的某个地方；但是他们往往原谅了有关我出生地的小谎言，没有任何证据，也没有出生证明能反驳，在我看来这才是首要的。这些虚拟的旅行不是由我的愚蠢而带来的唯一优势：所有人都对我特别的友好。比如营业员为了让我明白说得很慢，她向我解释如何把物品放进袋子里，并善意地把所有的物品放了进去。在某个机场，工作人员没有任何解释地陪同我直至登上飞机。

但是，语言不是所涉及的唯一问题，我的举止也不适宜。对此我无能为力。我的一位朋友，他是电影导演，十分了解巴黎的文化生活，他向我承认，当我不动的时候，我很完美。在这个方面，每个人都按照自己的意愿来解释。许多人认为，我是教士。每年有十次，有人问我是不是神甫。面对我的否认，他们有时便不情愿地把我归为修道院院士。我感到很疲惫，我远没有这么圣洁。一些犹太教朋友则推测我是犹太教教士，或是正在成为犹太教教士。有人向我指出，作为犹太学校的学生，我必须戴圆帽。班级里的一个老同学向我转述了走廊上与老师的一段秘密交谈，他们的结论是，我比犹太人还犹太人，但是却不自知。另一些人则有不同的解释：我是同性恋。这很明显。只需看看我是怎么走路的。如果有一天我要去沙特阿拉伯，我就必须要小心了。假如我习惯了走起路来像企鹅，我是否会被驱逐至最凉爽的地方？

有时我会无意识地提及自闭症，有些人很快便改变了态度。我从傻瓜成了小天才。当我说道，我毕业于巴黎政治学院，我还是哲学博士，人们便抬起头，看着我。一些人并不相信这些。

是否该抱怨？抨击人们对于自闭症的不了解，以及一些有关自闭症的电视节目？为了社会的破败而哭泣？我从中看到的是自闭症患者或非自闭症患者所呈现出的相同点，尽管确切地说我应该被要求谈论前者。

我想到了这句话，它出自一个在法国不太出名的人物，索勒·阿兰斯基：“一天，一个家伙对我说，我是马克思主义者，由罗马天主教会和长老派教会资助，长老派教会重新采用了阿尔·卡彭黑帮的做法……请注意，我觉得这种混合很有意思。”

2012年9月11日

写于丝绸之路上的撒马尔罕

第1章

童年

在某些古老的文明中，比如爱斯基摩人的文明，流传着一种乍一看十分古怪的文学类别：记录出生回忆，甚至有关于子宫内的记忆。我曾在一次研讨会上遇见过其中最杰出的行家之一，贝尔纳-萨拉丹·当格吕，在努纳维克[1]时，他能将这些回忆在即将被遗忘前收集起来，这次与他的意外相遇带给了我一些冲击，让我久久不能忘怀。就个人而言，我没有留存下任何有关最初时刻的可靠且清晰的记忆……可能记得几段影像，但是如何能确保其真实性呢？我的姐姐就比我幸运，她能回想起童年最初的一些时刻。

在我早年的记忆中很大一部分是与瑞士的风景联系在一起的。我只能记住那些外形特征鲜明的人。瑞士可能仍会在以后的日子里反复地出现在这些记忆的篇章中。我不是瑞士公民，也未持有瑞士银行账户。只不过在瑞德边境阿尔卑斯山区，曾经度过的那些悠长假期造就了我的童年，令我无法忘却。

1 努纳维克：魁北克境内爱斯基摩人的居住地，位于北极圈内。

自闭症患儿的早期教育

据说在许多佛教寺庙的接待处，想进入寺庙修行的人首先会被问及是人类还是灵魂。在西方文明中，何为人类的标准在不断变化。但对于语言能力这项标准，似乎是有共识的。在图灵测试[1]中，操作者应该无法通过对话来识别两位对话者中谁是人类谁是机器，但目前任何计算机都无法通过这项测试。因此，语言这项标准从表面上看是十分有效的。然而，设想一下，在语言方面，要么我比普通人还要更固执，要么环境的偶然性已为我决定了一切，总之，我曾经在好几年中一句话都不说。那么我算是人类吗？让我们好好记住这个自动实现的预言，因为一个被判定为没有语言能力的孩子通常无法享有教育，所以这个孩子终将成为没有语言能力的人。

我好歹有机会学习说话，不记得是从什么时候开始的。逐渐改善口头表达在很长一段时间内是相当复杂的——直到现在，我的语言表达仍然是所谓糟糕的表达方式。在六七岁时，只有至亲——我的父母，姐姐——能够明白我所说的，但是其他人就比较困难了；我仍然记得几个场景，当时那个人为了理解我说的话让我重复了好多遍，但之后还是转身向我父母寻求“解释”。

在向一个孩子要求什么东西之前，应该首先理解“说话”意味着什么。是希望孩子像大人那样发声吗？就像他们这个年龄的孩子所做的，或是被认为应该做的？想让孩子理解这些事情？如果是，那么是哪些事情？这些问题绝对不是没有意义的。一个孩子会用拉丁语读中世纪的基

1　图灵测试：如果一个人（代号C）使用测试对象皆理解的语言去询问两个他不能看见的对象任意一串问题。对象为：一个是正常思维的人（代号B）、一个是机器（代号A）。如果经过若干询问以后，C不能得出实质的区别来分辨A与B的不同，则此机器A通过图灵测试。（译者注）

本法则，并且能够撰写相关的评论，但他却不会说话，那么他是不是智力迟缓呢？我们在慢慢接近困扰就学的问题：如果你热衷于微分学，那么你有能力进入幼儿园的大班吗？你是否该“接受教育”，正如人们所说的，言下之意其实是指老师的教育？

我当然不像有些自闭症孩子那样具有异常的资质。然而，说得好听点就是，我其实也有自己的特别之处。那些被人们闲来嘲笑的事物，其实是一出出正在上演的悲剧。当我说话时，即使措辞准确，但仍有很多人可能无法理解我的叙述，比如一系列恒星的名字。假设你是心理学家，有人带了一位患有自闭症的孩子来到你的诊所，孩子开始这么说话：“参宿一(Alnitak)，参宿二(Alnilam)，参宿三(Mintaka)。”你会由此诊断这个孩子患有某种形式的精神病吗？他是危害任何人类交流的自闭症患者？抑或，你意识到这是位于猎户座腰带上的三颗恒星的名字，你会开始与孩子进行关于星座的交谈吗？真实的情况是，我不是和一位心理学家进行了类似的交谈，而是和其他人——实际上是一位女士，她是我父母的朋友，我曾和她独处过一会儿，我用捷克语问她法国没有再次成为君主制国家的原因。为了使她明白，我不可避免地多次重复了我的问题，她却仍然保持沉默。人们不会和刚会走路的孩子进行类似的谈话。我还记得一些相似的场景：我的父母，是捷克裔，他们经常参加巴黎捷克人社团的聚会。我有时会在聚会上发表“演说”，内容都是我感兴趣的，从七八岁开始我便花了很多时间去了解天文学，这是我十分热衷的一项爱好。人们可能乐于见到一个身材十分矮小的孩子对他们讲述某颗恒星的特征，其实他们可能对此毫无兴趣，认为不过是遇见了一个好动的孩子。可能让一位心理学家加入到这个场景之中，会有助于我面对这种星际狂热症。然而，在同一时期我几乎不适宜于社会演讲，这种演讲会形成某种联系，会使演讲者被视为具有健全智力的人类。

我认为书写比说话要简单多了。书写在动作上的同步不那么困难，你可以随意减慢或停止。如今只需按下按键便可进行书写，但在键盘发明之前情况也是同样的。那么，对于其他自闭症患儿而言，我是不是应该就此认为在学会“恰当地”说话之前，应该先学会读书和写字呢？我不知道。目前为止，我还未看过相关的研究材料。

我无法说出我是从何时、如何学习读书和写字的，我只留存下来一些片段的记忆。在我两岁生日时，或是1983年12月的圣诞节，我的父母收到一个包裹。父母的朋友给我和姐姐寄来了一些礼物，主要是送给孩子的玩具卡车，还有一个为婴幼儿设计的小毛绒玩具。在我家的家庭档案里，还保存着一幅图画——当然画得十分粗陋，但并不比我如今所画的涂鸦差多少——画的就是这只小毛绒娃娃，在画纸上，我标注了它的“出生”（到达）日期，还有其他几个用颠倒的大写字母写就的字，比如把“A ”上下颠倒过来。对于我来说分清左右有些困难，顺便提一下，我对于东西方向也分辨不清；我自认为对欧洲地图有点了解，但是如果你要我指出位于德国西边的一个国家，你将会经历一段长达几秒钟的尴尬沉默时间，我需要时间去想象地图上东边的正确位置。

在这幅图画的背面，我所写下的东西具有另一个特别之处：“给孩子们——写下你的名字。”于是我便写下了我的姓氏“乔瓦内克”。如果两岁的小孩会说话或写字，他们听到自己的姓氏时一般不会有反应，但对于自己的名字，甚至昵称或外号却很敏感。

我接受的教育主要是通过阅读和书写进行的。直到现在，对我来说理解一段书面文本通常比口述文本要更容易。就创作而言也同样如此，书写一段文本，把它输入电脑，在我看来要比把它说出来容易多了。因此对于德里达的“文字学”计划我只能抱有一定的热情，这是一门书写科学，就像语言学是一门口头语言科学一样。

然而，书写和口语一样，重要的不是简单的动作。在每句话背后，更为艰巨的是要符合社会的期待。有些问题或请求是很明确的，但也有不少是含糊不清的，它们的意义不是通过字里行间表达出来的。如果有人叫你的名字，你会怎么做？他没有要求你转过身。也许这并不是你的名字，因为很多自闭症患儿十分害怕很多人拥有相同的名字，这就是为什么有时候一些人通过汽车牌照，或社保号码来识别身份。人们都说不应该把人简化为数字，但是把人等同于名字也一样令人不快。小时候在瑞士，我的父母曾有过一次痛苦的经历：我走丢了。我没有回应他们的呼唤。其实我就在他们面前的小树林里，但是他们忘了要求我当听到他们叫我的名字时要发出声音……

对我而言，学走路也是非常复杂的事情。我很晚才开始学习走路，我的父母试着拉着我的小手教我走路，但是我只会抬起腿，对此他们很失望。恕我冒昧地讲一句，如果没有同步动作的话，这样教我行不通。我家的家庭档案幻灯片里都是类似的场景。我现在走起路来仍然十分奇怪。一位同学曾说我是在跳舞，她这种说法已经算是尽可能的委婉了。她没能看到，当有时我一个人在走廊或楼梯上的时候，我会冒险尝试我曾经的一大乐趣：走路时双手举起——我觉得人们会称之为“悬空”，不管怎么说，我的两只手始终保持这个姿势。

如今，当我与自闭症患儿的父母交谈时，我了解到他们最大的苦恼便是：孩子不会走路，或者，他走路很费劲，抑或他走路的方式被认为是不正确的。今天早些时候，我遇到一位母亲，她的孩子刚开始学习走路，但是和同年龄的孩子相比，他走起路来非常笨拙。因此只要地上稍微有些凹凸不平，他便时常像一些上了年纪的老人那样摔倒。

学校生活中的囧事

有些问题恐怕永远没有答案。要上学的理由便是其中之一。官方的答案是，去上学是为了学习女老师或男老师教授的东西。福柯的答案是，上学能展现身体的纪律性。罗马教廷的答案是，上学可祈求美德，这个说法多少有些牵强。对我而言，令我印象深刻的是义务教育的专制性。我对此的看法有些矛盾，即尽管义务教育存在诸多不足，但我仍然赞赏它的专制性。如今我认为，学校很美，而且确实是一个必要的学习场所；只是学校存在的一些问题不总是规划者所能明确预见的。

好多次有人建议我退学或至少留级。此处的“这些人”并不是故意特指某些人。我不相信存在所谓“伟大的撒旦”为了我的失败而斗争，确切地说这些人是完全值得尊重的一些人，但是他们坚信其所处地位的合理性，或是遵循某些权威人士不那么合理的指示。许多家长坚持想要与普遍存在的无形阻碍做斗争，就好像过程中的每个阶段都会出现奸诈的敌人。

我与学校的初次接触是幼儿园大班那年，当时我只有上午待在那里。下午去那里是不可能的，非我能力所及。我记得很清楚那次与女校长的会面，当然会谈的内容我什么都不明白，之后我的父母向我解释说，校长在同意之前对于我父母所提出的折中方案表现得十分犹豫。在大班学年结束时，所有人，尤其是老师，都希望我重读，因为我完全不具备升入小学基础学习阶段所需的能力。回想起当时的情景，我想如果人们要等待我具备所有这些能力，我可能现在还在大班！有人可能会读书和写字，热衷于学习不同的霉菌种类，但是却无法与同学们一起玩木环。问题在于，在这个小小的班级里，我们是根据各自的资质被评估的，但具备某种资质对于自闭症患者而言是极其困难的。而且它通常只会激发出一种有限的兴趣：三重积分和卡拉OK的主要区别并不在于两者都很难，而是在于许多患有自闭症的年轻人对于前者很感兴趣，但他们却无法感受到后者带来的乐趣。这并不意味着自闭症患者不寻求与他人的接触，事实正相反，之后我们再来聊聊这方面；然而，课间休息时孩子们在操场上从喊叫和疯狂的举动中所获得的乐趣可能是令我无法理解的。

就社会角度而言，我是孤独的。我害怕其他孩子——而这点，天啊，是有理由的，或至少有充分的理由。“害怕”大约是某种理性且明智的东西。每天，我都在遭受打击。有些集体游戏集中了一些适合向我发泄的方法。人们不应该认为校园暴力现象只存在于那些不好的学校：我曾经在一些规模不大的学校就学，这些学校都是不错的，甚至是被评价很高的学校。当时的学监不太关注那些挨打的学生。现在他们会注意吗？我希望情况已有所改变，但我对此不敢确信。更糟糕的是：身为残疾人，我之所以在社会上遭遇厄运竟然要归咎于我自己。如果在一个由四个孩子A、B、C和D组成的群体中，后三个孩子都拒绝和患有自闭症的A一起玩，那么“过失”或对此现象的解释就在于A的特殊性，而与B、C和D应受斥责的决定毫无关系。总之，这便是我在人生的每一阶段，或几乎每一阶段，都会遭遇的双重痛苦。

我的父母十分明智且善于观察，他们找到一种令人生畏的应付策略：说我是外国人或捷克人。这便能清楚地解释一切了：我说话不正确，这再正常不过了；我听不懂指令，这也是非常自然的事情；我甚至不在食堂吃饭，鉴于我习惯于某个遥远地区的奇怪饮食制度。几年前，我遇见一位来自瑞典的先生，他本能地向我讲述了一个与我情况类似的故事，但故事里的捷克人变成了瑞典人。显然我的父母不是唯一有这种想法的人！

与同学们相处，课间休息时间

认为孩子和学校里的同学能和睦相处是人们最为根深蒂固的想法之

一。然而对于自闭症患儿来说，却是最悲惨的想法之一。难道人们不是常对不愿上学的孩子说，他们会在学校里重新见到他们的“伙伴”吗？虽然我的父母不曾这么对我说过，但我认为这样做只会让我恼火。“伙伴”究竟意味着什么？为什么要用这个词呢？中级课程阶段的老师曾向我们明确地解释过，不应该在作文里使用这个词。人们甚至没有想到这样一个事实，即所谓的“伙伴”对于自闭症患儿而言其实是一些会打人的小魔鬼。

在这一系列笃信的影响下，结果就是人们相信校园里最愉快的时光莫过于传说中著名的课间休息时间，而那简直就是噩梦。刺耳的铃声响起，铃声刚停下，或更确切地说是在铃声停止之前，孩子们便开始大声嚷叫、奔跑、快速地冲出去，迫不及待地玩起游戏来。我不会玩球，或更确切地说不会玩他们那种奇怪的游戏，它混杂着非正规的正式规则以及一些即兴的玩法。此外，还需要具备一定的身体能力——在脑中显现球的路线，拥有良好的运动机能，所有这些直至今日对我而言仍难以达到。我的父母时常说起我无法抓住某些物品，他们说是因为我有两只左手。足球场上的孩子会使用一些更恶劣的字眼。最令人感到无力的字眼可能是无法判别方向。足球这项运动的意义究竟是什么？把球踢来踢去，很快让球变得很脏，然后再把球踢向某个方向，这有什么意思？别回答我说这很“酷”（cool）。球的温度和环境温度一样，它不会变得更冷（cool的原意），因此这个理由不充分。

自闭症患儿的步态和行为举止通常都有些奇怪。人们会注意到，我在班上的表现与老师或教授所要求的表现不一样。善于观察的孩子很快就对他们的小同学得出了结论。孩子们立刻明白了谁会受欢迎或受大家爱戴，而谁又会被孤立。成人世界也是一样的，只是成人人际间的伪善更加讲究：他们不会直接伤害你，而是用一些排斥的话语或某种态度来达到类似的效果。因此，对于其他学生而言，我参加他们的集体活动，是令人难以想象的。即使假设有一项我能参与的游戏，但如果他们已经习惯把我排除在外，那么他们也只会很勉强地接受我加入到团体中。

每当我回家时满身脏兮兮，校服上泥泞不堪，我的父母便知道发生了什么。幸好当时我还没有戴眼镜。我最后一次挨打大概是在五年级快结束的时候。打我的他们的确有错，我的学校手册上“不参加学校活动”的评语会让他们想起曾经所做的一切。

随着我内心的犬儒主义想法与日俱增，我甚至认为，对手的存在方式，或者令所有人鄙视的生灵的存在方式是普遍一致的。有一次，游戏刚开始时，我还没有明白规则，我看到其他孩子叫喊着聚集起来：“队长！队长！”当然，每个人都想当队长，但我不知道为什么。于是我叫道：“团队的奴隶！”在一阵沉默和惊愕之后，我的任务便明确了：我来为团队指明方向并提供协助。他们要做的是怎么愚弄我，以一种滑稽的方式来感谢我为他们提供服务。

我应该找一些其他的诀窍。正面出击是不可行的，因为我总是班里最小、最孱弱的。我能做的只有躲闪。学校的操场很大，我经常在一个角落里读书。我和那些放在口袋里的书一起躲藏着。不幸的是，这种伎俩有利有弊，因为你越是在角落里寻求安静，同样的，如果人们在那里找到了你，那么这份安静对你而言也就终结了。

不久之后，在上小学中级课程1和中级课程2时，我注意到，如果犯一些小错，或是承担其他同学的错误，我就会被剥夺课间休息时间，留在教室里。有好几次，我尝试了一下，当我成功时便犹如置身天堂。我不知道老师是否能理解我的这种行为，非自闭症患者并不总具备其自以为拥有的先进思想理论。

随后，人们最终慢慢习惯了几乎所有的一切。问题在于，无论对于自闭症患儿或是其他非自闭症患儿而言，当习惯被人抛弃，这一事实会在每个孩子个人成长过程中产生影响。尤其令人受伤的是，当他们尝试运用一些计策与人交流时，最终证明所有的努力都失败了。比如，为了与班里的同学交往，你做出了努力，遇到同学时，你对他说“你好，先生”，像理所应当的那样。只是这样的举动还是失败了，因为你的对话者只有7岁。你的礼貌手册没有专门指出这种礼貌用语应该从几岁开始使用。问题还在于孩子对于这类事情有着出色的记忆，并且会把你做的这些蠢事记住很长时间。如果第二天，家人教会你该如何言行，但是你仍会被排斥，因为所有人都会记得你前一天所说的话。这会使得一些自闭症患儿频繁转学，以此来摆脱他们的名声。这是一种错误的解决方法，因为很快同样的名声就又形成了。

一位患有自闭症的成年人曾对我说，童年时，当他来到一个新的班级，所做的第一件事情，就是计算班上同学的人数。这是否算是一种自闭症患者的怪癖，就好像做出结论是一件令人羡慕的事情？不，他只是想知道班里的人数是偶数还是单数。如果是单数，他就会想：“该死，每次结对做作业时，我必定是一个人做。”这就显示出，与普遍的观点截然相反，自闭症患儿多么想为了融入集体做出实际的努力。不该认为，他之所以一个人待着是因为他想要这样，或者他在自己的世界中。这样的想法是值得注意的，因为它再一次把所发生的一切责任都归咎于残障人士。但这并没能反映出事实真相。

还有一点也同样值得注意，关于“优秀”的看法。正如我之前所说的，我没能在布隆克斯就学。或者说，没能在一所被公认为是好的学校就读。不应该认为，在一所“好”学校自闭症患儿就能一切顺利。相反会更糟，相较于那些名声很坏的学校，那些好学校对于有残疾的孩子而言通常更加“排斥”。悖论或丑事都有其合理性。

有残疾的人恰恰不应该符合公众的想象，不该符合任何的想象。在我看来，“优秀”有其完全随意的一面。我并不是从消极的意义上讲，而是在我见识过了各种被称为“优秀”的学校之后的想法。我们之后还会讲到这点。

我与老师互不适应

通常在我公开介绍我的学校生活时，提及孩子的缺点是相对容易为听者接受的。而涉及学校机构中成人的缺点则要复杂得多。但解决办法总会有的，只要我们尝试去寻找。

我的父母总是很善于和我协商，无论遇到什么困难他们都坚持要我去上学。然而对老师而言，我则是个问题孩子，甚至更糟。传统意义上问题孩子的形象是众所周知的：成绩差，在班上表现不好，不遵守纪律。但是我的成绩很不错。老师知道，我读的书不符合我这个年龄的阅读水平，我还算遵守纪律，但尽管如此我仍然会制造问题。几年之后，我会成为一个有好成绩的问题学生，就像校园里一只奇怪的小鸟。

总之，我和老师之间存在两种类型的关系。有些老师很喜欢我，甚至非常喜欢我，而另一些老师则小心谨慎，有点怕我。我对此认真思考过，我对自己说，毕竟那些理解我存在的人是有道理的，所以我更应该去扰乱课堂。想象一下，一个孩子总是举手回答问题，或是当你在黑板上出现拼写错误时，他经常会以一种十分突然的方式纠正你——这可能是非常令人难堪的。

有这么一件事可能会更好地说明问题。当我上小学中级课程2时，在学习弧线的课上，老师给每人分发了一张弧线的油印纸，要求测量这些弧线，然后在旁边写下它们的长度，计量单位用厘米或毫米。对于其中一条弧线，我和老师得出了不同的结论。我考虑了很久，这让我有些困扰：为什么我们没能得出同样的结论？最终我有了一个科学的解释，我想把我的这种快乐与老师分享，我认为她也会赞赏的。于是我便向她解释，我们的计算之所以不一致，是因为她太老了，她的手有些颤抖，所以她无法正确测量出弧线的长度。她非常生气。我完全没有预料到会有如此负面的反应。人们经常认为，自闭症患儿纠正老师的错误是为了伤害他们，但这是不正确的。

还不止这些。如果说，学生参与课堂教学活动通常被认为是一件好事，那么自闭症患儿会在自认为做好事时制造一些问题。举个例子，假设一个孩子，像我这样的，偶然对埃及的法老产生了兴趣，在教学课程中，如果谈到有关埃及的内容，那么你的课堂就会变成地狱，因为这个孩子会一直举手，打断你，纠正你说的一些错误，或是对你说的内容进行补充。而他可能无法明白，原本课程只预期半个小时的相关内容，而不是整个学年。埃及对我而言有着永恒的魅力。有好几年，我的脑中几乎只有这个国家，它的历史，30个王朝法老的名单，这一切我都了然于心。最近，当我在巴黎散步时，偶然地停在一个橱窗前，我看到一所学校取消了古埃及学的课程，我由此感到一阵心痛。所有那些儿时的记忆瞬间向我涌来：好多年前，我曾在父母的指导下给这所学校写过一封信，我希望他们能给我寄一份学校手册。当然我没有去那所学校注册，因为没钱。再次面对这所学校给了我一个实实在在的打击。就像几年前我以同样的方式发现天文馆时的情景一样，里沃利街是我童年时期一个有些神秘感的地方。这些“相遇”我从未对任何人说过。这些事例更好地说明了自闭症患儿所进行的独立学习远胜于冗长的论证。即使在他的这个年龄，这类学习显得无用或荒谬。

学校学习，家庭学习

以前每当爸爸要去购物时，他经常会带上我，利用这个机会来让我练习社会生活准则，其实是他负责所有的事情，而我只是跟在他后面。一天，在一家超市，他给我买了一本关于天文学的小书。我牢牢记住了这本书——这本书由于经常被我翻阅，如今已有些破烂不堪了。据我的记忆，我对于天文学的好奇心和热情便是从那一天开始的。后来，我父亲的一位同事给了我一本《宇宙与空间》杂志，由此便开启了我人生中一段漫长的时期。最初的几个月，我看不懂杂志；于是我便把它记住，从封面第一页左上角的第一行，直至最后封底右下角的最后一个字母，还包括广告和条形码。随后，我便认识到，阅读一本期刊不需要把它都记住。之后不久，我又明白了，可以从第16页开始阅读一篇文章，而并非一定要从第一页开始。最后，我终于知道了文章与广告之间的区别。所有这些发现都是循序渐进的。阅读《宇宙与空间》杂志已远不止是一种兴趣，而是培养我个性以及社会化的真正工具。最初是虚拟的社会化，因为在每本感兴趣的杂志中，会涉及具体的人、他们所组织的事件、聚会及活动的日期以及之后我们能读到的业余爱好者聚会的报告等。

就这样我发现人们喜欢聚在一起，他们使用一些专门的术语，每场会议就像一种仪式。通过这种间接的方式，我学会了社会规则，如果不是通过这种方式，社会规则在我看来可能是非常令人厌烦且毫无意义的。天文学的魔力在于，尽管这是一门关于遥远天体的科学，但却能把人们聚集在这个星球上。

可以说对于天文学的兴趣有利于我的学业吗？但这并不是小学的教学课程。除了这个特殊的例子，我认为，学校的知识评估与其他情况下的评估有很大区别。在小学中级课程2或中级课程1时，大家通过学习方向以及基点，来知晓东南西北。在考试时，我们必须回答如下的问题：“在哪一个基点太阳永远不会出现？”学校期待的答案当然是“北方”。然而，这个回答是错误的，因为这既没有考虑到午夜时的太阳，也同样没有考虑到南半球的情况。但是这类回答，尽管更为准确，但对于上中级课程1或中级课程2的学生而言是不可行的，因此这样的回答就被认为是错的。如果你坚持自己的想法，人们就会认为你只是在胡说，以此掩盖你回答错误的事实。

让我们再举一个例子。在课堂上，我们很早便开始学习理解“水平线”和“垂直线”这类被认为比较复杂的词。而在考试时，考卷上画着一个半满的水杯，要我们做出选择，即这个水面是水平的、垂直的还是倾斜的。该怎么回答呢？如果是水平的，那么海水如何能够绕地球一圈呢？这样的例子还有很多，尤其如果用法语表达，句子会产生歧义。这只能适用于阐明普遍的现象：学业成功与知识之间的关系，并不是如人们所认为的那样联系紧密。

学习社会习俗，地狱般的校外生活

为什么在这种情况下还要去上学？总是会有这样的问题提出来。尤其是在我七八岁的时候，孩子有时会惊恐地明白，老师忽略了拉美西斯二世继任者的名字，以及天狼星等。那么为什么还要听老师讲课呢？困境在于，对于家长而言，自闭症患儿会更难以理解学校的职责是教授社会准则——所谓社会准则就是使关于“北方”和“水面”的错误说明成为正确的。是谁在社会法规中添加了这些不成文的规定呢，比如，上学是为了交朋友，而不仅仅是学习数学和法语。

无论如何，小学和初中一样，没人愿意坐在我旁边。坐在这样一个怪物旁边只会坏了名声。如今我可以冒昧地说，之后到了高中快毕业时，出于无法理解的原因，有些人争着要坐在我旁边，尤其是数学考试的时候……无论人们对此怎么说，解决和理解社会习俗方程式是最令我生畏的。

与校外活动相比，人们所谓的“艰难”时刻根本算不了什么，如果你无法理解这类形容词的用法，那就算了。到了中级课程2结束时，进入初中前夕，为期一日的学校旅行就这样准备就绪了。整个一年，每天有好几次，我曾幻想过这次旅行。为了什么应该做，或什么不应该做，而感到惊慌失措。这种紧张的状态对于其他孩子而言是很难想象的，当然我是怀着愉快的心情期待着这次旅行——我们由此应注意到，人们认为自闭症患者在理解他人的能力方面是有所欠缺的，但是在所谓健全人身上并不一定就能更好地具备这种能力。学期末的旅行一方面意味着学年结束，另一方面则意味着在学校度过的时光被缩短了至少一天。

焦虑的理由主要是如今我所掌握的规划工具，当时我还不具备，对于这样的一次旅行，我如今会先上网查看一下，了解路线，试着记住相关地点的照片。而当时，不仅没有因特网，而且人们也不会让孩子以旅游从业人员的方式来计划旅行。人们再一次把那些最不具备社交能力的孩子置于最为紧张的精神状态，剥夺了他们必要的操作演练空间，这十分令人遗憾。

从本质上而言，人们可以自问，在这样的情况下，即有陌生人在场，而且这其中有很多人惯于在课间休息时欺负他人，这样的一次旅行是否确实必要。学校体系在这方面应该更为灵活，这样能使有些人很好地避免挫折。

我的一位老朋友，罗姆阿尔·格勒格瓦尔曾有过美好的回忆，他在其过世前出版的回忆录中叙述了他为避免去游泳池而做出的努力。游泳池成了他一种主要的忧虑来源，成为笼罩他生活的乌云。不幸的是，人们总习惯于把痛苦的“错误”归咎于其他人，尤其这个痛苦本身是因为残疾，就像有些负责人的做法那样，出于其自身的性格及方法，把具有某种残缺的人逼得忍无可忍，还以具有某种残缺的人的个人弱点作为如此行事的理由。因此，有人说，逃避游泳池或学校旅行的孩子是古怪的，他有些焦虑，应该接受治疗，服用药物……但显然人们没有考虑到药物的影响。

焦虑感及藏身处

作为孩子，我也会生气，或在陷入焦虑时完全自我封闭。当我的父母改变第二天的行程时，我就会躲到床下一个隐秘的角落里，一动不动地待上几个小时，这是我最喜欢的地方之一。在那里会感觉受到了庇护，与外面的世界相比，这里十分的安静，只有些许微弱的光线。我在那儿度过了许多个半天！如今我冒着遭受精神打击的危险，建议人们考虑特意布置一些为这种情况而设想的空间。最近我参观了几间公寓，父母在公寓里为自闭症患儿设置了一个安静的处所，我认为这是一个很棒的主意。然而在我的童年，这种想法还不为人所知。

躲在藏身处成了我童年的一部分，且不仅仅是童年的一部分。任何狭窄的地方都适合作为藏身处。我也喜欢去那些原本并不能称为藏身处的地方：操场隐蔽的角落、厕所，我在那儿待了很长时间。

一个藏身处或避难所能带来感官上的平静，声音、光线都减弱了。就这一层面而言，没有比封闭的衣柜更好的地方了。从视觉角度上来说，一段平静的时光，一种受保护的感觉，都是一回事；但是当你与周遭的一切都产生身体接触时，则会感受到更多的安宁。你也可以有一个安静的地方来阅读——如果藏身处的配置允许的话：你可以在操场隐蔽的角落里或是在厕所看上几小时的书，直到有人来撵你；在浴缸里也一样，当然里面没有水。人们能够更好地考虑到我这样的需求，而且这不仅仅是我的需求。如果你面对一个嘈杂的班级，你已经受不了了，能在壁橱里拥有几分钟的宁静真的可以改变一些事情。

当我知道，人们认为把孩子关进壁橱是一种非人道的惩罚方式，我感到很震惊。对我而言，这是一段幸福的时光。既然心理学及语言学爱好者不管怎样都会猜到，那就不用隐藏了，无需玩弄拙劣的文字游戏，因为无论读者有怎样的看法，这样可能更会让他们感到好笑：在捷克语中，最接近我姓氏的动词schovat，其实意思是“躲藏”。由此便可认为，通过具有某种特征的机制，所有叫乔瓦内克（Schovanec）的自闭症患者所揭示出的要么是一种优雅的玩笑，要么就是一种不太严肃的论点，这两者在人们生活中产生的结果是不同的。

对于自闭症患者，排名第一的焦虑来源，肯定是与其预想中的相比较而产生的差距。如果你被告知，10点下课，那么老师讲课到10点02分便会让你产生巨大的焦虑感。你想如何做出反应？你正处于两种规则相冲突的情况下：你被告知10点要离开或出去，而另一方面，老师则对你说，甚至是间接的暗示，要你留在教室。你如何能知道他何时才会停止讲课？其他孩子可能会根据老师某些句子的措辞推测出快要下课了。如果无法察觉到何时下课，10点02分时老师还在讲课，到10点03分时停了下来，或者他一直讲课到11点45分，这在自闭症患儿心理层面上没有什么区别。

再假设，父母对你说：明天我们要去参观某个地方，但最终没去成。对于父母而言，这再正常不过了，因为昨天他们想要去那里，但是最终他们不再有这种想法了，或者也有可能是下雨了，对于行程稍作调整，完全没有必要谈论此事。但是对于自闭症患儿来说，这绝对是焦虑的主要来源。我的父母十分宽容，但同时他们又强烈且持续地促使我不断前进，在这点上他们多少是成功的。与他们所投入的精力相比，回报是十分微不足道的。但是我的父母没有选择，这是他们的任务。

初中阶段：严酷的环境

身体残疾的年轻人在就学时遵从金字塔原则：在低年级的班级中，学生人数相当可观，即使与相关的残疾人口数量相比还是差得很远，随后在高年级里就几乎没有了，人们不知道或并不确实关心他们的未来。我认为，初中是一个关键的环节，正是在这一阶段“消失”发生了。甚至在我看来，年轻的自闭症患者在此时正处于充分显示其潜能的阶段。

如果根据初中相较于小学所能给予的东西，无论其好坏，来列出一张清单，有几点是很突出的。首先，积极之处在于总体来说事情开始变得更有趣了。小学时所学的东西越是简单、无趣，越会体现初中的有些课程，尤其是初中三、四年级时的课程，时而会闪现出激情的火花。至于老师，他们也更加专业，如果你开始与他们谈论自己所感兴趣的东西，如果运气好，会得到良好的反应，这便是对你在学校努力的奖赏。有一次，快下课时，我和物理化学老师单独在教室里，她问我是否愿意和她一起学习一些课程以外的内容；事实上我从未采纳过这个建议，但是她确实营造出一种融洽的氛围，至少我这么认为。

当然也有一些负面影响。初中在个人计划方面更为严格，你必须管理自己的时间。把自己看做是一块手表——这并不是开玩笑：即使十分了解相关技术，并具有“理论”能力，一块指针表比电子表能告诉你更多的东西，乐趣就在于找到合适的手表之前，测试不同类型的手表，对逝去的时间有一些观念。在大脑中或在纸上计划一些适当的动作：如果8点10分你有课，那么你几点要把家里的门关上呢？几点刷牙？你在几点需要检查多少次来确认所有的东西都已放入书包？哪些是必要的东西？除了规定的书本和作业本，以下这些东西的必要程度是多少——耳塞，不同的备用品，雨伞，在第一把雨伞被风撕破情况下使用的备用雨伞，在学校停电时使用的手电筒，发生火灾时用来逃生的绳索，用来测量家附近核电站泄漏的必不可少的盖革计数器……班里差生所表现出的洒脱是否就是其能力的极限，他坦然地走进教室，什么都没带，还迟到了？要到何时才能了解被错认为是紧张的这种情绪？回答这些问题需要时间，可能需要很多年。还有，问题真正的解决办法，可能便是学业自身的终结，就如同日耳曼神圣罗马帝国的传奇纪要中，主角的自然死亡。

初中的另一个问题在于班里的同学，如果小学时孩子们很安静——在幼儿园时曾经很好动——初中的情况可能会加剧，因为他们会再次变得暴力。虽然他们在幼儿园和小学时也打架，但这种激烈的程度很少会严重伤害到他人。在初中，一小部分年轻人打人是为了造成伤害，或是为了在他人身上留下痕迹。殴打并不常见，但这种情况却一直都存在着。你可能会遇上一群暴力分子，要么在学校里，要么在校门口。大街上或周围的一些街道很可能是非常可怕的，在那里的遭遇会很糟糕，包括在一些“好”学校的周围。由此，得知曾经的某个凶险人物，以前的同学，或称做班里的施刑者，他如今系着领带，担任一个所谓负责人的职务，这时我总是面带微笑，可能，他在那里终于可以正当地使用较为巧妙的方式来统治同一类可怕的人了。

不是只有身体暴力才产生问题，语言暴力可能更值得注意。然而，我原本想反对一个涉及此方面的论文，我可以称之为有关判决的论文。依据这篇论文，语言暴力是由一定数量的词语构成，如辱骂和威胁；从那时起被宣扬的策略就在于禁止或想要禁止相关词语的使用。在我看来，对自闭症患者或非自闭症患者的语言暴力不在于鉴定这些词语的使用数量。童年时，向我建议去父母的朋友家吃午饭，对我而言，比起辱骂我，是一种更为严重的语言暴力——通常来说辱骂让我觉得好笑。在这种情况下，企图通过根除含有此类意思的词语来管理针对一些“与众不同”的人的暴力，这种尝试当然值得赞赏，但是这种做法不仅可能会失败，还会阻碍整个人类生活。我认为，给予自闭症患者社交能力，从而让他们更好地面对此类问题，这样做更好。

在青春期，语言排斥的力量会留存在语言的一种特殊形式中，当你不使用它时，你就会被完全排斥。如果你与其他人没有共同关注的事物，如果你不知道任何男演员或女演员，如果你不看电影，要与他人建立联系是很困难的。如果你不穿戴时尚的品牌，情况也是同样的。更糟糕的是，有一件事我很难理解：不只是关于获取新的能力去融入，而是消除某些能力，于是支配语言表达的许多规则便不再通用了。我花了好多年才明白，之后才在自己的语言中尝试使用“chépô”，它表达的意思是“我不知道”，但这句话违反了否定句的规则。词语和句子的缩写，语言的语气和节奏是非常重要的——可以说交流由此变得难以理解。

关于社交策略，不幸的是那些表达或涉及轻视的策略变得更加完善了。一个低龄孩子，为了强调对某人的拒绝，会打人耳光、说脏话。在青春期，人们在给你设下圈套的同时还摆出一副对你感兴趣的样子。举个例子，为了一时高兴而打趣你的痛苦。对于那些患有自闭症的年轻人而言，某人会假装对于你喜欢的事物表示兴趣，但是他唯一的目的就在于听你朗读彩色石印画片或明朝历史中你最喜欢的独白，他便以此来嘲笑你。

其中的一个困难在于由于不断经历类似的情况，就会变得多疑，甚至会有些偏执。每次当有人表现出善意，向你问好，你便会自问那个人是不是假装的，或者他是不是在预谋什么卑鄙的手段。

至于我，在初中时，我也不乏奇怪的行为举止，其中之一便是经常缺课。在五、六年级时，我越表现得认真勤勉，那么在四年级时我便越难得有类似的表现，就像在小学初级课程时期的情况一样。我会两个月不去上学，然后再回来上两周的课，接着又开始缺席。我的老师好歹接受了我的行径，可能是因为他们知道我完全掌握了书本的知识。他们知道，我有时会做姐姐的习题，这是我父母默许的。我不知道在公立学校或更大规模的学校中是否会有类似情况。当时，这些缺席相当于我为了在初中严酷的环境中不至于崩溃而使出的最后一招。留在家的日子里，不要认为我就是躺在床上聆听青草生长。我会去看自己喜欢的书籍。此外，有时也会有棘手的情况：别人都认为我生病了，某位老师却遇见我背着几个大包从图书馆回来……疾病对于许多人而言是一种可见的身体疾病的同义词。然而，像我这样的疾病又意味着什么呢？

我的另一个奇怪举动可能就更难向读者解释了，除非读者能把我置于上面提到的没有希望缓解的病痛中。在五、六年级时，我承受着一种怪癖或一种对于三角学的酷爱，根据凡尔纳书中那些怪人使用过的模型，我自己修理了六分仪和其他类似的器械。利用这些模型，我能够在学校操场上测量建筑物。计算高度，随后是每个楼层的高度。我就在那里度过了课间休息时间。好几个学监和同学对于我的精神状态十分担心。于是他们便询问我，听到我提到余弦和其他的切线，从我的只言片语中他们可能确定我得了妄想症，而这只是开始。

高中阶段：成为更优秀的学生

随着时间的流逝，初中负责人的脸色开始变得严肃。我们开始明白，从此以后我们就是“大人”了。这个词以前总是困扰我，就如同有人使用术语是为了力求显得具有科学性。难道没有人在小学预备班时已经对我们说过这些吗？无论怎样，我们将要进入高中。

经过我父母长时间的谈判，我可以在一所私立高中继续上学，在那里每个人都互相认识。而且那儿的全体教职人员都对我姐姐在校期间的优秀表现记忆犹新。这样事情便变得简单了。

就某种程度而言，我成了学校里的模范生。总是准时到校，甚至，说实话，在第一节课开始前的一小时我已经站在校门口了。我从不缺课。我的需求都得到了满足。但在其他方面我仍是个十足的差生。家庭作业，至少在我眼中，当然是要做的，但是我的作业的长度很少超过一行，这一行里标注了题目的答案。我的手写笔迹总是同样执拗得难以辨认。一些××兴趣中心也总是很无趣。

当时我经常有一种十分不愉快的感觉，但是今天我却满怀感动地回想起当时发生的种种。至少有两位毕业班老师，数学老师和物理老师，当计算变得太复杂时，当他们在黑板前思路混乱时，他们习惯于转过身，把粉笔递给我，对我说："约瑟夫，你来写。"该轮到我来试试运气了。

之后便是一些心理剧了，我参加了高中会考。在我的意识中，高中会考就如同要去做渡河的小船，或是沙漠渡轮，我对其很少有其他的印象。正如人们所说的，我满怀好奇地去参加考试，不怎么担心考试的内容，却尤其为乘地铁去考试时可能出现的问题而感到焦虑。总之，作为一个十足的差生，我上战场了，或者说去参加会考了。

公布成绩的那天，很多人都预测我会失败。我的名字不在大名单上，而是在分开的一页纸上，是在优秀名单上。总之这是非常忧伤的一天，因为这意味着一个世界的崩塌，我职业计划的终结，与老师和同学的突然永别，至少在高中最后几个月我和班里的一小部分同学在取笑当时的"计算器战争"中成为了伙伴。告别通过持久的学习而成为正常人的模式，之后我才明白"告别"这个词的意义。也许那天，最后一次看着以前的数学老师以及其他几个老师，我有过一刹那狂热地相信成功的可能性，尽管生活给予了我如此多的磨难。我疯狂地相信学校所传达的许诺的真实性，随之而来的是充满教训的失望，可能这也算是幸运。

这对任何人来说都不是秘密：我想要成为数学家，因为数学是我暴露问题最少的科目——没有讨厌的文字游戏。数学，它是独来独往的。没有必要复习，甚至无需思考。在考试时总会有许多美妙的时刻：设想，如果你有四个小时，如果你快速地完成试卷，你还剩三个小时来和计算器以及你的老朋友“土星”处理器做亲密的交流。只有它们才能完全理解你，当你用汇编语言或者“倒置波兰语”[1]说话时。

事件不可预期的转折的关键在于我的年龄。因为参加会考时我的年龄较小，我的姐姐开了一个小玩笑：她在当时最尖端的机器上，即公共信息网络终端，帮我在巴黎政治学院，这个古怪的学校，注册了。我会为读者专门辟出至少一个章节来解释这件奇怪的事。总之，在姐姐向父母做了长时间的解释之后，1999年夏末的一天，我被录取了。这个日子对她而言是极具象征意义的，而正是这件事情让我沉寂了很长时间。

1 “倒置波兰语”：一种编程语言的名称。（译者注）

第2章

巴黎政治学院

——学院底层的自闭症患者

我可能永远无法察觉那些奇怪的且会引起怀疑的社会现象，当人们认为其在面对愚弄时就会感受到这种巧妙的混合情感，我注意到当我说话的时候，人们有时会产生非常好奇的反应。通常，他们的注意力是有波动的，有些人在听，有些人则不是。但是当我在谈话中悄悄地说，我就读于巴黎政治学院，人们便会惊跳起来，他们的态度也产生了变化。如同被施了魔法。

我经常自问为什么会这样。或者可以说，如果不把社会的任意性作为一个恰当的理由，抑或不是因为我曾就读于某所学校，那么在我谈及的内容中有什么可以引起他人的兴趣呢？为什么我曾经历的过去要比我所谈论的事情更重要呢？

的确，当人们身处一定的文化环境时，它的任意性可能不是十分显而易见的。此类可以赢得尊重的学院名称在别处可能完全不为人所知。我们并非身处另外一个星球：从巴黎坐上一个多小时的火车，能够到达一些偏远的地方，在那里根本没人知道巴黎政治学院。尽管如此，那儿的人们也生活得非常好。或者在有些地方巴黎综合理工学院的名字会使人想起苏黎世的联合理工学院。

可能自闭症患者会引起更为强烈的差距感。我总是很难说服自己，我确实曾在巴黎政治学院学习——按照动词“学习”的这种奇怪本意。当我在网上浏览这所学校的主页时，我的第一个想法便是“古怪的学校”。到后来我才逐渐有了些个人的回忆。但并不总是这样。面对一张阶梯教室近期翻新的照片，里面的座位我已不熟悉，我以前常坐的位子已经被拿走了，这张照片又怎能轻易勾起我对往昔的回忆呢？总之，为什么人们会出于这种缺乏明显逻辑的现代主义而葬送了一个地方的灵魂呢？甚至无法让我们想起这个地方的名字。我花了好几年的时间才记住“Science Po”这个名字。对我而言，我经常去的是政治学院(IEP)，而不是 “Science Po”。IEP能让人静静怀念学校最初的名称——“巴黎自由科学政治学院”。“自由”这个形容词，具有历史的审慎感，是创造性的必要象征，是非制度化的象征，是童年时大学梦想的象征，是受到当时德国启发的象征，因为那时欧洲中部大学的水平已达到了顶峰。

然而，我最不适应的可能并不是一个名称或一个地方，而是就社会范畴而言的“地址簿”。“地址簿”的引申义是什么？人们说这是享有盛名的学校里最重要的东西。如今，人们说的更多的是“网络”。必须建立关系网，并要使之活跃起来。在政治学院的这些年，我的关系网一直都是零。我从没有涉足过校友会的圈子或团体，我的名字没有出现在校友会的在线年鉴上。以至于最近，某些人告发我从未就读于巴黎政治学院，我的简历都是杜撰的，我也没能毕业。我认为这很有趣：要不就是此人没有才能，在被人误解的情况下，应该表现出作为名校毕业生的虚荣心，要不就是他极具才能，毕业与否这一事实能改变什么呢？相反的，我倾向于接受自学成才这种看法。一张写有浮夸句子的纸张，没有在个人档案中注明，这又能改变些什么呢？有人会说，这是教育部的秘密……

我经常被问及，社会差别的标志从何而来？这种想要成为某个“阶层”的奇怪意愿。有多种形式的阶层，但有一个共同的机制。在法国，人们通过所就读的学校来定义自身；在德国，人们则是通过所就读的学科定义自身。在法国，他是“……的毕业生”，在德国，他是“语史学家”或“罗曼语语言学家”。在我看来，至少第二种模式，尽管也有其缺陷，但它暗示了某人具有某种类型的知识，而不是身上贴了一个毫无意义的标签。在我们国家，“专科学院”不是因其所涉及的学科而成为令人尊敬的学府，而是由于某些值得羡慕的原因。这个名称的字面意思更接近于英语的“高中”，它指代的是没有任何差别的高中。人们在谈论的时候不应该混淆——语言中包含着阶级的因素。然而引人注目是必须的，当人们曾经就读于高等“师范”学院，就会感觉受到了追捧，相应的卑微感便不存在了，尽管对我的研究显示并非如此，但多数人都是这样的。或者曾经加入一个队伍（用拉丁语来说，即*grex*，*gregis*），即被某个团体所接纳，也会产生同样的感受。

我时常因我的两个学位（巴黎政治学院的文凭以及哲学博士学位）引起的社交反响而感到有趣。在德国，所有人都嘲笑巴黎政治学院，没有人知道这所学校意味着什么。而当人们感到难堪，试图解释，或者更确切地说，面对一个如此奇怪的类别标题表达看法时，一些关于法国人的笑话代替了回答。相反的，在火车票或飞机票上，写着“XYZ博士先生”，从德国寄给我的信封上也写着同样的称谓。在法国，有人曾问我：“见鬼！你为什么决定学医呢？”慢慢的，我明白了，这些有趣的故事对人们的生活具有深层影响。我经历了一个漫长的过程，一个十分漫长的自闭症患者的见习期，得出了这样有趣的感受，即不要过于探究谁是自闭症患者，以及他应该得到别人所拥有的东西。

自闭症患者来到学院

巴黎政治学院，是一面由社会放大的神奇镜子。这面镜子在我生命中的某一刻掉落在我的面前，那时我完全没什么经验。我以一种几乎悲剧似的方式经历了入学。或者更确切地说，以过来人的眼光来看，是一种悲喜剧交替的方式。总之，“cour”这个词本身包含许多意义，而这有时会让人感到矛盾、荒谬，la basse cour（饲养场）指代家禽，la haute cour（特别最高法院）则针对罪犯，单独的一个词cour有时是关于罪犯，有时是指代朝臣，君王的宽容往往替代了这些类别间最后的区分。

第一天到巴黎政治学院，我不太清楚该去哪层楼，什么在等待着我，是否只是因为校名中“政治”这个字眼让我想起以前由苏联为了培养国家人才所创办的国家大学，这是一个不太恰当的参照，我可能是唯一有这种联想的人，我知道不该谈论这些，以免在最开始便被拉开距离，但是无论我是否愿意，这种想法久而久之会影响我对事物的看法。

我一早就到了，至少比通知召集到达的时间早了两个小时，因为我不太清楚什么情况下应该提前到。于是，在昏暗的凌晨，我在漆黑的街道上等待着，站在紧闭的大门前我感到十分惊讶——怎么只有我一个人，同时也很焦虑，怕自己搞错了地址或日期，巨大的背包里几乎带上了所有的东西，从储备食物到厕所用纸，为任何可能发生的情况都做好了准备，就如同儒勒·凡尔纳小说中的星际旅行者。

随后，校门打开了。我没注意这天早上召集了多少人，可能有150人吧。在一切开始的那一刻，我便遭受到了打击。我留心到一件古怪的事情。大家虽然互不认识，但这些来自不同地方的人，过了一会儿后，可能才五分钟，便形成了几个讨论组，每组五人，最多十人。正如大家预料到的，我可能是其中唯一游离在外的。我没有感到特别惊奇，这与我之前在学校的所有经历差不多。一种诅咒再次灵验了，我也只能听天由命地接受了。

之后是一场隆重的会议。两位校长，名头很大，且受众人尊敬，他们说了两句话。正在我写这些内容的时候，获知他们两位已经去世了——一位的辞世有着最为奢华的“老式法国派头”，另一位的去世则犹如年轻的女明星，全国的新闻媒体都不愿提及他的丑事，这两位尽管都去世了，但他们的影响力却似乎没有尽头——这值得思考，但当时我对此还一无所知。

我们的第一堂小班课开始了。在一间墙上贴有细木护壁板的小客厅里，有一个大理石的壁炉，这种模仿令人厌恶，它是为了显示社会差别，突出其古老的建筑风格。老师开始点名。要知道，在巴黎政治学院，如果我没记错，注册档案上要求写明父亲的名字、父亲的背景，母亲的名字、母亲的背景，所有的家庭情况都得写清楚。点名的形式是这样的：“皮埃尔.S，你父亲是做什么工作的？”“空军将军。”“非常好，S先生。”或者“爱德华·吉古……告诉我，吉古这个姓让我想起了些什么……对了，对了，是这样的……很好，吉古先生”，老师拿着笔回复道。过了一会儿，这台机器卡住了：“斯科……斯考……斯康奇……”我明白他是在叫我。“父亲的职业？”“失业……”严酷的开端。

其他课程也是同样的模式。一方面我不适应社交，另一方面却要以各种表达方式不断探索。如今我一笑置之，但在当时我并未由此获得任何乐趣，或者不敢以此为乐，我决心做出努力，然而没有成功。高中时，我能对自己说我之所以被“排斥”是因为沉重的过去；而如今当面对完全不认识的人，同样的场景又重现时，则如当头一棒。但是需要补充一点，我是以一种十分强大的心理状态进入巴黎政治学院的，以至于操场上的断头台都没有让我感到吃惊。

然而，在那儿等待着我的那些日常生活中意想不到的糟糕事情却是我没有料想到的。首先便是学会问候，这是一个可怕的考验。当时，这对我而言尤其棘手。如果以其他文化背景下的问候为例，比如传统的中国，对于口头用语及相应手势的理解就没有明显障碍。但在执行这一礼仪时人与人呈现出的自信是一样的：认为自己以错误的方式进行了问候，这种想法会造成严重的后果，这不仅仅存在于心理层面。还有一些涉及礼仪的相关问题：每个人的问候方式是相同的吗？如果一个朋友走向你，到了什么距离应该开始这项礼仪？而这一切本质上有什么用呢？我几乎无法应付如此多棘手的问题，这使我感到惶恐不安。

第二个意料之外的糟糕事情在等待着我。我感觉到其他人在相貌上、视觉上及文化方面，从着装打扮到发型，还有他们的手提包（总之，为什么我拿在手里的不被认为是手提包呢？在写下这些句子的时候，我查阅了维基百科，在面对这个语言惯例时我对三十多年的生活总是充满了怀疑），这些人和我不属于同一个世界。所有这些必定不属于自闭症的范畴，但是许多自闭症患者糟糕的自我评价赋予其自身一个显著的特征——我强烈地感受到我是劣等的，什么都不是。一些患有自闭症的成人会这样回答你的任何问题：“别向我提问，我是低能者，我无法回答你的问题……”要知道对我说这句话的人是该地区的国际象棋冠军。

优秀并混乱着

据说，自闭症患者加强自信而采取的行为是必要的，的确如此，以我为例。然而还有一些不仅仅只是像我这种情况的患者，问题更为复杂。我曾有一种奇怪的混合心理，掺杂着糟糕的自我评价、过去班级第一综合征以及差生的心理状态。就这种观点而言，仅以此为例，得到一个非常好的成绩，而且比之后取得的成绩还要好，是一次真正的打击，这显得我十分古怪，有点儿问题。高中快结束时，当我看到某个同学努力学习数学，前一天晚上学习至午夜或者凌晨1点，他在测验中得了13或14分，之后在期末考试时也得了个好成绩，而我，什么都没准备，也没有复习，我得了19分甚至更高的分数，我会怎么想呢？会有针对我的阴谋吗？这是一出持久的闹剧？一个巧合？当人们过分以假设为理由，这个假设便分裂了，只剩下古怪的感觉。别人不可能寻求此类情况的答案或行为建议。应该为这些好成绩去“补偿”吗，也就是说，故意犯一些错误？应该假装复习，以此为这些好成绩做解释？应该在考试中假装遇到了许多难题，并在最后一分钟叹着气递交考卷？我尝试了这三种策略。如今也一样，在大学学期结束时，我有时说“明年我会试着做得更好”，就好像在表达一个肯定失败的信息。而有时，当有人把试卷给我，我便深深地叹口气，以此让人知道这一切对我而言都很困难。这让那些了解我的同学感到很好笑，于是这激励我再次上演拿手好戏来娱乐他们。当然，15年前，我还不知道这些雕虫小技。在校外，当有人向我提问，而且我也知道答案时，我经常觉得很为难，即使现在也如此：给出答案的做法正确吗？别人不知道，而我却知道，这正常吗？我的一位自闭症患者朋友在我面前对一位心理学家说道：“我认为，善于学习的人在哪里都能增长知识。” 他当时没有必然意识到他的话语所带来的社交后果。这位心理学家，当然在其领域内是极其有能力的，但他不知道飞机引擎的品牌，甚至伯利兹的首都。知识与社交知识完全是两回事。

由于考虑到了这些社交技巧，在巴黎政治学院最初的几个月，在命运的嘲弄下，我的困惑有一定程度的缓解：与高中教材和我的兴趣相反，大学教材对我而言大部分是不了解的，我再一次可能成了班里年纪最小的，因为我没有读预科。其他困惑的来源，即有待解决的社交方程式，将会在之后接踵而来。

社会化：如何逃脱巴西勒餐馆？

是时候开始讲述最无趣的时光了。大学生们习惯于课后在两三家小餐馆或咖啡馆的其中一家店里聚在一起——其间爱说别人的坏话。不要问我小餐馆或咖啡馆之间的区别，它们都位于圣吉奥姆大街附近，那里有巴黎政治学院最重要的几栋大楼。当时，我的情况没有什么太大变化，我还是从不一个人去餐馆，甚至不知道不需要特许便能进入一家餐馆。

长时间以来我的记忆中一直保留着那个不幸的场景：第一学年要结束了，最后一节课后班里的同学们决定去街角的一家小酒馆（或是咖啡馆？）——传说中的“巴西勒餐馆”。在巴黎政治学院，所有人都知道这家酒馆，经常出入，以至于甚至不需要说出它的名字，只需一个手势每个人便明白下个目的地是哪儿，但不包括我。我每天都会好几次经过巴西勒餐馆，但从来不曾抬头看过这家店。我知道莫斯科的柏拉仁诺大教堂（Saint-Basile-le-Bienheureux），却不知道巴西勒餐馆。十多年之后，想到本书的这个片段，我终于明白，我忽略了本质。

让我们回到刚才的故事中。其中一个同学坚持邀请我，不断重复道：“来嘛！约瑟夫一起来吧……”我被吓到了，我不会回复一个对我而言不可思议的邀请。他自以为明白了我的犹豫，便向我提议由他来请客。我感到很失落，于是逃跑了。

可能在很多此类情况下，试图朝人扔石头不是最合适的方法。很容易便能得出结论，不是由于我的同学不了解自闭症，就是归咎于他们在偏执的时候所表现出的内在的恶。相应的，断言这个结果是来自于我的选择并不完全正确。我们彼此都是有问题的。仅有的希望在于，在被正确理解的情况下，我的生活不会陷入对失败的确认中，而是导向为以后更好地面对类似情况的进程中。

对于需要治愈的心理困惑的诊断做出结论，这种做法过于轻率，是不精确的。让我们来举个例子：如果有人向你建议去参观位于你家附近的一个火星人秘密基地，你会马上同意去吗？忽略你会如何面对该基地的居民，你可能会和我有一样的举动。为什么由火星人引起的反应就是正常的，而由巴西勒餐馆导致的就是反常的呢？火星人可能十分讨人喜欢。这是一个习惯问题，是交往和社交规范的问题，相似却并非牵强附会。总之，我和同学去餐馆吃饭的频率与你和火星人一起吃饭的频率是差不多的。在这些错误的判断中，我当然也会有错——错误是其中最易被分享的事情之一。为什么突然邀请我，他们在整个学年都没有表现出友善的迹象，至少据我的观察是这样的。现在，他们会拿我泄愤吗？会整我吗？他们想做什么呢？去餐馆的主意是什么意思呢？这有什么用？去那里有什么意义，学年已经结束了，太好了，我们能回家了，整个夏天都可以看书……橙汁，我们在家也可以喝。莫非为了讲讲知心话？今年夏天，一群大学生邀请我去撒马尔罕外语学院附近吃午饭。我仍然做出了那些年面对“巴西勒餐馆”时同样的反应，可能变得稍微礼貌了一些。

焦虑的本意，即当我们经历焦虑时，它会引起一种麻痹的效果，我们不能强迫自己十分清晰地去思考。自闭症患者是生性焦虑的人，他们经常会成为或被视为无理性的演员。而我认为他们的焦虑是有原因的，是一个因果关系十分明确的机制，或者换一种说法：如果有人对我说，最后一天上课，17点会下课，17点10分要走进巴西勒咖啡馆，坐在第一张桌子旁，对先生或女士说：我想要一杯橙汁。如果两个月前我就提前知道了，我会谨慎地标记出地点，我可能会在网上先看一下——即使，在当时，因特网还不是很普及——或者我会搜集一些资料。这样我可能会更好地去面对这类情况。叙述突然发生在巴西勒咖啡馆里的甚至连雇员都不记得的那些陈年旧事，这么做可能会令人产生错觉，即我是一个十分熟悉地形的人。

社交游戏

在巴黎政治学院最初的日子里，我无视同学之间的社交互动。（是否有时也叫做“心理失明”？）慢慢的，我开始明白一些了。有点像当我们和一位专家一起身处森林时，我们对蘑菇一无所知，我们什么都看不见，慢慢的，多亏了他的解释，才了解到我们周围有多少蘑菇。

此外，关于巴西勒餐馆的小插曲也就此带来了一些想法：我确实感受到班里不止一位同学的不安，及其想要改变现状的意愿。

在政治学院的第一年，我还不时地意识到有一些人保持着秘密的关系，而我则被排除在外。在班里15个学生中，我明白，如果我说“你好”，没人会拒绝回复我；但是我只会问候一到两个同学，之后可能会有四或五个同学，因为每次或几乎每次他们都会以一种十分有趣的套路来回复我。

我第一次成功地说了几个笑话，那是在学期结束的时候，我记得，我成功地让人笑了。教室里的桌子是围成一圈的，我们可以围着桌子随便坐哪儿。我到的时候，有三位同学也在上课前一会儿到了教室，进去后我兜了一大圈才坐下，而其实我可以走一条更近的路。其中一位女孩问我为什么要走那条路，于是我回答道：“你不知道我总是按照逆时针方向移动的吗？”这句话让他们笑了。而我也很高兴，因为我成功了。

然而，我只学会了人际交往能力中的一小部分。而我也明白了在正式交往中，一切不完全如预期的那样，有时一些规则的扭曲是社交关系中需要付出的代价。在1999年至2000年冬天的一个晚上，天早早便黑了，我比平时晚了20多分钟走出政治学院，我用这些时间解决了书中的一些问题。在去地铁站的路上，我看见班里的两位同学在互相亲吻。这让我有点震惊。不是在道德层面，而是因为我从未想过，我的同学会在课后逗留在离学校不远的地方；就像老师总是对我们说要努力学习，我无法想象其他人没有立刻回家去学习。之后，所有这些问题也随之而来了：我是否该对他们说再见呢？是显得不礼貌呢，还是去扫兴更好呢？这看上去很傻，但对我而言这便是对世界的一种发现，我认为，当我们是政治学院或其他学校的学生时，按照管理规章，在整个学年中我们被视做在工作，而不是，比如去看电影。否则，在身为学生和一到两个小时内不作为学生之间会产生矛盾。可能基要主义者或塔利班分子会对此表示欣赏。

起初，我无法做出解释。只是在思考之后，才开始明白一些事情，然后我会对自己说，总之有些规则不一定要遵守，或者无需按照字面意义去执行。当然整个问题就在于知道何时人们认为对规则的扭曲是正常的。以正统观点而言，学生为了变得优秀努力学习，而具有颠覆性的犬儒主义观点是，政治学院不过是妓院的体面伪装，在那里一切都基于老师对金钱和性的渴望以及普遍的谎言，所有这些观点都是可能的。所有这些态度同样存在，至少这是在私下听说的或叙述的证词中我所感受到的。这也显示出使自闭症患者“正常化”在何种程度上可能会导致矛盾，因为“范例”中的每一个都是不一样的，通常，没有一个是基于道德层面的范例。

离奇的故事和见习经历

巴黎政治学院，就如同所有骄傲的场所，有着许多离奇的故事。这些故事对于我的成长可能或好或坏地产生了一些影响；无论如何这些影响使我的脸皮比以前更厚了。此外，这类见习如今仍然在继续。几个星期前，在一场非公开的讨论会后举行的聚会中，我从政治学院的一位知名女学者口中得知，她曾在最权威的报刊杂志上发表过几篇文章，其中一篇是关于某个国家的，但其实她既不知道这个国家有多少人口，也不知道这个国家说什么语言，当然她也从未去过这个国家。她享有杰出的声誉，而我只是个无名小卒，我从未敢发表任何文章涉及这个我去过好几次的国家，我曾在那里待了几年去学习一门语言，接着开始发现第二门，然后第三门语言。最值得注意的可能是，这几点似乎完全没有困扰我那交谈者从容的自信，她不过是向我提了上述几个问题。而对于我，我假装没有意识到这个滑稽的情况。让我们回到之前我最初的发现。当时包括英语类报刊杂志已经在谈论我的这位同学了，这多亏了她的父母，如今她成了追逐权力的年轻政客，但曾经她并不被看好。她曾力图去破译我考卷上的那些难解符号，甚至比我自己做得更好。此外，这位同学十分友善，是少数几个经常和我打招呼的人，她很腼腆，可能有些自卑，因为她是班里唯一一个要在期末参加补考的人，她曾在暑假里问我借课堂笔记，在寄还给我前她在上面写了几句可爱的话。看到她在几年之后成为十分著名的记者，令我十分惊奇，我完全没有预料到她会从事这项职业。唉，一切都在此期间发生了变化：她的外表没什么可说的——很厚的妆容，还有珠宝——她的叙述方式及语调完全改变了。这可能说明了其内心变化的迹象，作为老同学我曾给她写过几封邮件，但我所得到的答复只有沉默。总之，我不完全后悔就读于巴黎政治学院，如果没有这段经历，我可能会错过不少对我有启发的故事，而这些是在其他地方无法学到的。

我认为，说起做过的傻事，我可能超过了班里大部分的同学。我只说一件事，冒昧地提及这个名字会让我感到对他抱有歉意。这涉及我大学1年级时的一位老师，贝尔纳·高迪莱尔，此外他还是莫鲁瓦政府的前任官员，位居决策层，但人们从来没在媒体上见到过他，这是出于个人意愿。第一学年结束后，我们收到了评估单，要求我们为每一位老师写一段评语。在单子的顶部写着：诚实地填写该表格。我便是这么做的。

而糟糕的是，我还签了名，这原本是不需要做的。我那时做出的评价不如现在谨慎。尤其是，我完全不知道这可能会伤害到他人。我当时没有把评估当回事，此外我也根本不记得我在评估单上写的内容。我从未想过还会再次见到我以前的老师，但不幸又重逢了。

我间接听说了一些关于他的消息。许多年后，我的老板阿穆·布阿卡兹在巴黎市政厅任职，他在一位时任市长办公室主任的人面前提及了我的名字，他是市政厅的二号人物。高迪莱尔先生于是站起身来，打开他的抽屉，取出那份表格。一张如此伤人的表格，他保存了整整十年，甚至在调换办公室时也不忘带上它。他原本可以辞退我，他确实拥有宽大的胸怀，因为他没有这么做。

成为德国人？

巴黎政治学院有一个优势：在其课程中安排了为期一年的国外游学。为此我在德国待了一年。出发前家里以及我的内心都发生了许多事情，但是对于一直以来都十分喜爱德国的我而言，如何能抗拒这份热爱呢？此外，我还得到了学校的两项财政资助。就这样，刚成年的我便来到了距法兰克福南边几公里外的地方。

于是，我的生活环境发生了改变。我度过了非常愉快的一年，尽管从某些方面而言仍然十分艰难，但是对此我留下了一段感人的回忆。我可以自由地选择课程，我几乎翻阅了学校所有可使用的材料。正是在那里，我开始思考关于杰出的信条。尤其在我了解到，我时常旁听的经济课上有十分复杂的数学方程式，老师也特别专业，这是十分高水准的经济课程。而在巴黎政治学院，相关的课程则非常浅薄，没有深度。差距是如此之大，以至于我不得不承认事实，有人曾对我说：其实，在巴黎政治学院，经济学科可能和其他的学科一样会成为小丑，尽管对此说法我此前有所保留。

我还有一些其他的感受。在德国的时候，我出席了一些不太传统的课程，有点类似于政治科学课程，该课程的老师极具煽动性，他是选举悖论领域享有盛誉的专家，研究选举结果有违于选民意愿的情况。他的课程需要大量的推理，以及数学应用。他以模拟选举团体为例——假设社区的所有居民想要建造一个游泳池，没人愿意建造网球场——他有条不紊地揭示如何采用投票模式，可以使选民采纳网球场提议，使之获得多数票。每周两次45分钟的课程都会精确地在铃声响起时结束，同时伴随着最后的注释及他脸上的笑容。我感到有些困惑，我通过电子邮件给1年级时我唯一有联系的老同学寄了两封数据例证，但没有收到任何政治性评语。他的回复只有一个词："法西斯分子！"这些话在巴黎政治学院是不能说的。必须使用一种修辞风格，比如为公众利益而被推选出来的政府机构，其名称会尽可能使用大写字母。

在德国的这一年，我越加意识到自己的不足和社交能力的欠缺。比如，从巴黎乘坐火车或回巴黎，对我而言成了一件棘手的事情。我不具备任何所需的能力来让自己坐到预定的座位上，如果有人已经坐在那里了；我不知道如何购买打折卡，我大概每个月回去一次，我需要一张法国的打折卡和一张德国的打折卡，因为两个国家的铁路在当时不共享折扣。需要进行对我而言十分困难的协商。让我大为惊奇的是，我从来就没有买过相同价格的票，因为这取决于我进行协商的方式。当人们善于协商时，就能以较低的价格买到票。也是通过买票，我明白了法律条文也可以有多种诠释的方式。售票窗口的职员不完全值得信任，此外，其实他自己也不是很清楚法律条文。

我在德国逗留期间，有了成为德国人的想法。我幻想成为一个完全了解国家社交密码的人物。很快我便意识到成为德国人并不在于熟读歌德和席勒，或是能够背诵任意一首德国诗歌，其实要比想象中更随意得多。

此处我讲一个见习的小故事。我住在学校的寓所里——每人一个房间，四个房间共用一间厨房。在另外两个房间里住着两个当地人。当时，我学会了一点中世纪书法，那是我生命中唯一的一段试图用自己的双手来进行艺术创作的时光。因此，我用最纯粹的古德语书法写了“德国万岁”，并把它贴在公用厨房里。而这引起了其中一位同楼房客灾难式的反应，因为，一方面，他觉得此事很可笑，区区一个法国人，竟然写这样的东西；另一方面，我没有意识到的是，我把它贴在了垃圾桶的上面。他撕下了这张书法，把撕坏的纸张贴在我的房门上，还用潦草的字迹写着：“法国万岁。”于是我明白，我做了一件蠢事。

在巴黎政治学院的最后几年

我在巴黎政治学院最后阶段的学习不值得过长的评论。这段时间的学习之所以困难有其他的原因，要知道我当时开始服用安定药了。尤其是最后一年，我很少去上课，我有一个借口：我在写硕士论文，就这样我成功地解决了问题，不过这也是实话。95%甚至更多的学生不去上课，或者他们忽略了违反最后一年课程规定的这种可能性。可以说，硕士论文掩饰了一部分事实，即服用了一些药之后，我几乎一直在睡觉，不能说话，还有许多其他的症状。

在巴黎政治学院的最后几周完全没有任何收获。于是我说服自己说，我有十分明显的精神疾病。

到最后，我当然没有参加任何典礼仪式。没有照片，没有聚餐，没有贪得无厌的野心家的装腔作势。此外，我认为，除了几个当时不属于政治学院“正常”课程的硕士研究生，没有人知道有一个我这样的学生。

如今，在我内心深处，尽管有时需要标识出来，但我不认为自己是政治学院的毕业生。有什么用呢？我，就是约瑟夫。我是否毕业于政治学院或其他院校，这个事实就如同口袋里是否有手绢一样。即使正巧它在那里，人们也不会根据它而给自己下定义，人们无法从外面看到它在那里。它至多可以在社交应急情况下派上用场，用来排解痛苦。

贩卖学者的集市

在德国时，我发现一件有趣的事就是他们非常重视大学教师的头衔，似乎在法国没有类似的情况。在年初刊印的有关各大学的小册子里，有学校的课程介绍，每个大人物的名字旁边都标有其头衔：医生、博士、教授，还有几个更为隐蔽的缩写。有些头衔极具装饰性，以至于一行里勉强能容下这些前缀：资深教授、荣退教授、名誉教授，博士、名誉博士，具体些，就是哲学博士、法学博士、神学博士和一些其他头衔。在《愚人船》[1]一书中，学者在这个团体中的地位十分显要。但我不想最终通过某种过时的方法成为一名学者。

从政治学院毕业后，我感觉自己没有能力工作，对于工作所得的报酬也感到失望，但还没有完全失去信心，我决定注册申请博士阶段的学习。由于我的无能，在经历了许多插曲与失败后，我被一位极具怜悯心的德国教授海因兹·魏斯曼录取了。

最初的几年十分困难，一方面是由于我的健康状况，还有就是我在

1　《愚人船》：15世纪末斯特拉斯堡的塞巴斯蒂安·布兰特用德语创作的讽刺教育类作品，作品讲述的是一群各式各样的疯子所进行的一次真实航行。

能力上的欠缺。举个例子：如何与我的老板取得联系定下约会？用电子邮件，太复杂了，他一定不会回复，此外我已被强烈要求不要用电子邮件。他没有给我他的电话号码，因为他认为，这会在学生间流传，或者学生们会想办法得到号码。无论怎样，即使我有他的电话号码，对我而言在当时——在2003，2004，2005，甚至2006年——打电话给某人打扰他，向他求助，仍是不可想象的。当几年后我终于鼓起勇气亲手给他打电话时，他一拿起话筒，而我说了什么呢？是“我想和您见面”吗……当然不可能。当时我用了非常迂回的方式约他见面，他一下子没明白我要对他说什么，随后问题便越来越多。也就是说，当你有了几次负面的经验，形势就会变得更复杂。此外，这几行字能让人明白为什么我不可能在企业工作，除非遇到特别合适的职位——因为会打电话，不是企业人最基本的能力吗？

我便这样在完全的孤独中度过了博士阶段的最初几年。伴随着药物的反应，便形成了怪圈：你不出门，是因为出门对你来说很困难，那么这件事就会变得越来越困难。甚至对于最为“正常”的人而言也是如此。

我最低潮的时候可能就是在2005年或2006年：当时，在治疗方面，一切在好转，因为我的药物用量开始减少；但是我的社交能力则没有好转；我的博士论文完全或几乎陷入停滞状态。学期结束时，我去了一家负责残疾人的就业中心，那里惯于接待一些非社会化的人——至少根据他们的说法是这样的。正如俗话所说的，我准备好了从事任何职业。他们和我讨论了几分钟，让我填写了一张表格，随后对我说，他们没有合适我的工作。我重新走到大街上，意识到情况比预期要复杂得多。

第3章

心理（一病人，一专家，一学者，一患者）

（注：本章节完全出自妄想，是不连贯的创作。）

我从德国回来后，在公元2001年8月底最后几天中的一天，我第一次推开了心理诊所的大门。我对于心理诊所的理解还远远不够，因为当时心理专家、心理学者和心理分析家的区别对我而言十分模糊，我觉得他们是十分重要的人物，任何公民都应该尊敬他们（并付钱）。

直到那时，我遇到的不同专家中没有一个对我的古怪以及反常的焦虑和困境做出诊断，总之，正是这些症状使我在交流方面遇到障碍，并且无法像我同胞中的大多数人那样融入社会。

在我漫长的心理诊疗历程中，我一直记得佩蒂奥医生那著名的招牌——“巴黎住院实习医生”，上面使用的大写字母没有音符，让人无法辨识到底是“interne”（实习医生）还是“ interné”（被关起来的人），其实后者才是事实。讲个小故事，在我之后常去就诊的其中一个诊所里有一位医生，他与某个杰出人物师出同门，于是墙上的牌子展示了一张医生名单，其中有一位便是“佩蒂奥医生”。没人能选择自己的姓氏，至少无法选择出生时的姓氏，这的确令人不快，尤其对于从事某些职业的人而言。还有一些其他不明确的因素：在法语中“心理”（psycho）一词，用在一些短语中，如“研究心理学”，更会让人想起一种假设性的工作，即精神病医生，而在英语中，psycho的含义更倾向于疯子。在我最初那悲哀的心理治疗过程中，这些因素没有干扰我对于这些人的尊敬之情。然而对于这些活动家有效身份的疑惑在我心里慢慢地、逐渐地滋长起来。如今，许多饶有趣味的轶事以及一些评论，或是本人经历的，或是由一些心理学家朋友转述的，只是更加强了我对这些活动家的预感，使这种预感到达终极阶段，即大笑。弗洛伊德说过，除非是由于自身错误，否则一个好的偏执狂患者会成为哲学家（这是在说我吗？作为偏执狂，我无法否认这点）；也许可以补充一点，即真正的疯子会成为幽默的人，也很有可能会成为政客，这是个更加令人不快的说法。无论怎样，不幸的是，在那些年的心理治疗中，传统上由精神病医生–精神病患者两者垄断的精神病学在第三个因素的影响下更加强化了，我冒昧地称之为关押者。

还是让我们回到2001年时的医疗场所。说实话，我是拉开了大门而不是推开的，诊所很小。候诊室刚好能放下一张椅子，而诊室则刚好能放三张椅子、一张书桌，还有必要的诊断用椅。我没有对那位十分受人尊敬的诊室主人说过，其诊室的魅力是我忠实于其诊所的主要原因之一。

第一次诊疗过程就充满了惊讶。我完全不知道等待着我的将会是什么，甚至不是我去订下的诊约——如果这个任务属于我，鉴于我当时的电话恐惧症，我永远都做不到。然而在我错过一些重要东西的同时，却可能会导致积极的结果，尤其是在金钱方面。成为精神病患者，而不自知，这就有点像成为了百万富翁，自己却不知道，真是遗憾啊。

我为什么要去那里呢？问题表面上很复杂，但回答却可能简单到令人哭笑不得。我意识到，与巴黎政治学院的同学不同，我无法承担所谓的“领导职务”（顺便说一句，这完全是社会党组织用来描述党派职务的习惯用语）。哪怕是为了不怎么重要的人物去打扰他人也会令我感到难堪，而且我确信他们不会理会我的胡言乱语。事实上，我只是希望得到一种指导。这段经历中最令人不解的是，如果我身处一个数学班或计算机编程班，在这类班级中外表和社交游戏不那么重要，我可能不会如此强烈地感受到这种差距，也不会正式成为精神病患者。这是一种罗斯玛丽·肯尼迪的症状[1]，它表现为个体在一定环境中可引发病理症状，就这点我会在之后详细说明。还应该补充一点，我这人很好奇，与心理学家的会面是我智力活动的手段之一，这必然会是一次引人入胜的相遇。

大大出乎我的意料，在我最初的诊疗结束时，我的精神科医生要我下次再来。另一个令我惊讶的则是被告知这20多分钟治疗的费用：学生价500法郎，他对我说道。这自然使我感到困扰，因为在一次诊疗中，我可能花费了我家庭月收入的十分之一，让我安心的一点是：我的精神科医生十分杰出——之后，我会发现巴黎精神分析圈内他的一连串头衔以及表现其威望的标志。

最初的两次诊疗没有任何明显的效果。只是一些无关紧要的漫谈。更多的是出于一种信念而不是只求结果，我在寻找深层的意义，形而上的，它可能隐藏于五六个词语之间，以及精神科医生在一次诊疗中所发出的低声抱怨之中。不久之后，他用一种十分亲切的方式建议我同时去他的一个同事那里就诊，他们将同时为我看诊——就这点而言，他是在说谎，因为事实上，他们之间不存在任何的合作关系。

至于那位著名的同事，他是个“刽子手”，他来做脏活。诊所风格的变化如下：第二间诊所很大，在巴黎市中心。这个场所的主人端坐其中，年轻但秃顶，诊所里堆积着许多书，但他总是固执地拒绝对这些书做出评价，也不建议我读其中的一本或是给我指出他所喜欢的书。通常来说，拥有很多书的人喜欢阅读，当有人向他们提一两个问题时，他

1　参阅本书第127页。

们往往会立即活跃起来，随之而来的是一场讨论和一段快乐的时光。然而我的心理医生是个拘谨的人。从对我的第一次诊疗开始，就给我开了处方。这是第一份处方而不是最后一份，这也导致我第一次一个人去药店。面对我的惊慌失措，我的医生运用话语暴力和经过数年实践考验的修辞表达方式威胁我，并命令我去药店买首利安锭[1]，这个药物的名字无法让我产生任何联想。它没有任何剂量规定，没有标注适用于何种疾病，也没有说明疗效，尤其是没有说明副作用，很多这类药品，在字面意义上是完全模糊的。

参照分子的结构关系，我发现了治疗的另一面：医生与病人之间的权力关系。提及与精神科医生的谈话是一种不恰当的说法，因为医生的话语原本是神圣的，而当他遇见无知的人时，就会骗取他的信任。治疗期间，谈话的发生是为了一个再简单不过的理由：随着剂量的增加，病人很快得了失语症。其病理症状的恶化需要增加药量，而且药品种类也要增多。

没有一个词，没有一次医生的诊疗是针对我所遭受的症状。我觉得，这是一种策略，我要说这是要花招，甚至是邪恶的；他自己不作恶，却让他的同事去做。

最初的几天，我如规定的那样开始服用少剂量的药物。随着诊疗的继续，药物处方逐渐增多，直至我在遭遇了一次真正的打击后去诊所，当药剂师把装有三周药量的药品袋子递给我时，对我说道："就这些，先生，2400法郎。"那时我明白了，我比预料中的还要更错乱。对此，医生没有给我任何答案。当时没有一个词，没有一次诊疗是涉及我所遭受的病理学。开药方的那个人没有给予任何解释，而前一位（精神分析

1 首利安锭：属于精神病科规定的分子结构，是一种非典型性的药物，因为根据使用剂量，它可以作为安定药或抗抑郁药来使用。

学家）在诊疗期间也什么都没说，或者几乎什么都不说。此外，这个男人非常神秘。当我了解到，他不仅是精神分析学家，同时还是精神科医生，我寻思着为什么他自己不给我开药方，而是让他推荐的同事给我开药方。这个问题在那天没有得到答案，除非在两人之间进行一场胡萝卜或棍子的游戏[1]。另一个始终没有答案的谜题是：在我的整个诊疗过程中，也就是说在漫长的年月中，他从未让我躺在那张长沙发上，而据我所知其他的病人都会用到这张沙发（在我的诊疗开始前他都会把沙发整理好）。在其之后我就诊的那些所有令人尊敬的开业医生中，没有任何一个要求我采取这种横向的躺在沙发上的姿势，然而这种方法却是在此类专家的治疗中十分常见的，而且无论是职业的圈中人或是外行人都没有就这种优待或非优待治疗给我合理的解释……我再一次被迫陷入自己的文字游戏中：长沙发(divan)一词源于阿拉伯语diwan，意为主卧室，引申义为政府本身，而这个词则来自于波斯语divân，意思是诗人的作品全集。有趣的是，波斯语有一个发音相似的词，divâne，指“疯子”。就像用捷克语所说的那样，我似乎又回到了原点，撇开我所被明确剥夺的。没有长沙发，比没有身份证件更糟糕。

在之后的叙事中，我可能会表述得明确些。大约从我治疗的最初几年开始，我对心理学产生了一些兴趣，尽管这份兴趣不是我的主要兴趣所在。我读了好几本书，搜遍了市图书馆的相关书架。我不知道图书管理员看到一个男孩借阅心理学及神经病学教材时会有什么反应，我对此毫不关心。我对心理学的兴趣遭遇过几次停滞，比如有一天在德国，在一本旧书中有一张心理疾病名单，我在上面看见了“强制自己阅读心理学教材”的现象也被列入其中。

1　胡萝卜或棍子的游戏：这个说法源于1948年。据说有一头驴没有动力就不往前走，除非给它一个胡萝卜作为奖励，或是用棍子打它，驴子才会往前走。（译者注）

我还喜欢阅读那些曾进过精神病院的病人的证词。哲学家路易·阿尔都塞的著作《来日方长》，曾是我的枕边书，我曾在青少年时期读过许多次，非常喜欢这本书的编写风格，以及对戏剧的非凡掌控力。尤其在我接受精神疾病诊疗的最后阶段，当我能够重新阅读时，其他类似的作品继续成为我的一大偏好。啊，我直到很晚的时候才开始阅读阿尔托。即使现在——在我看来这仍是无法理解的，甚至是愚蠢的——这会使我有兴趣在精神病医院工作。考虑到我有限的能力，这可能是不切实际的幻想。

然而，尽管我经历了这些失望，但我对于这一领域及其十分有趣的多种主题仍然尽可能地在智力上保有一份兴趣。

在撰写博士论文的初期，我仍在与安定药作斗争（阅读一页无趣的内容可能是服用某些药品一周的功绩），我阅读了大量米歇尔·福柯的著作。福柯不是医生，也不是心理学家，什么都不是，但是他和我一样被这种好奇心驱使，尽管投入的精力有限，但至少可以满足其部分好奇心。

对于我而言，困难和残酷的失望使我的心理治疗历程完全没能有助于发现我所想象中的精神病学。当你是病人或精神科医生的病人时，你既不能观察他也不能向他提问，这便导致在我的诊疗过程中产生了诸多误解。我必须独自继续我的发现之旅，通过在网上搜寻首利安锭这个词，随后是与之相辅的产品。几天之内，我突然发现自己置身于一个相当常规的世界，也就是说，在这个世界太阳升起，落下，但这个世界在心理层面却相当于精神病院。不是现实意义上的实在的精神病院，而是其精神替代品。我准备进行电休克疗法——从本义上说，即我的脑海中当然保存着所有我读过的有关此事的内容，比如，在一间我常出入的诊所，我期待发现那著名的被盐水浸湿了的毛巾，人们会在开始电休克疗法前将其放入病人的齿间。

多亏了因特网，以及众多的迹象，我突然找到了许多证据证明我疯到了极点。经过思考，这在我眼中显得不那么出人意料：一方面因为我知道我一直以来都很奇怪，另一方面因为我曾看到过其他的证据，尤其是在阿尔都塞的著作中，人们可能在朝夕之间就成了疯子。

我曾经在涉及相关疾病的材料中读到过，许多人在刚开始生病时未能引起注意，之后病情变得更严重了，尤其是精神分裂症。所以我相信，我正处于精神分裂症开始阶段。另一种药物证实了一切：有一些精神分裂症没有任何显著的迹象，至少根据一些古老书籍的说法是这样的。根据较新的术语，我认为，弱智的或隐性的精神分裂症不会表现出任何可观察到的明显迹象。换一种说法，人们可以疯到极点而没有幻觉、错觉或是错误的信仰，表面上具有完全健康的精神状态。舍贝尔庭长[1]，即使在他最糟糕的时候，难道就不能保持讨人喜欢的举止了吗？我故意选择了“庭长”这个词，有点出于嘲讽，因为他的故事是值得注意的，且使其作品成为历史财富的原因正是德意志帝国这位伟大法官是其高度社会威望及其最极致疯狂之间不可拆分的混合体。人们不知道说实话是否是该被治疗的一种精神病，因为它显得有些荒谬。作品中的病人被描写得十分杰出，且为其杰出提出了许多论据，虽是病人却总能显示出一份微妙的高尚和尊严。我认为，现在的编辑在修改其原稿时，从中进行一些改动就能很容易使之成为一篇看上去健康的文本。我觉得，撇开内容不谈，疯狂或是疯狂的缺席首先在于是否使用某些句子和短语。

1　舍贝尔庭长：德国的法官，因在其自传《一位神经病患者的回忆录》中叙述自己的精神病妄想而出名。1893年，他被任命为德雷斯顿上诉法庭的庭长。他长期受到失眠困扰，起初他把之归咎为劳累过度，很快他便被迫进入疗养院。第二年，他出现在德国国民议会的选举上。选举失败后，他试图自杀。几个月后，深受脑海中出现的许多幻觉之苦，他中断了职务，被监护起来并被送至一家专门治疗精神疾病的诊所。1911年他死于精神病院。

最令人宽容和赞叹的是作品中那些关于其接受诊疗过程的叙事，在其中出现的人物比庭长本人还要更加引人发笑。我还怀着另外的疑惑，但我一直没能得到明确的答案：为什么庭长的精神病，和其他名人的精神病完全相同，比如尼采，这种精神病不正符合医学界的经典案例吗？从医学上而言，根据现今的科学，像庭长这样的精神病，我认为是不可能存在的。

我的阅读证实了，我比自己所认为的或者比我周围人所设想的要疯狂得多。回到那个我经常自问的著名问题：在这世界上，是他们疯了，还是我疯了？我有了自己的答案。

关于“下地狱”，这算不上什么令人惊奇的事。我就诊的精神科医生增加了药物的剂量，这证实了精神分裂症像预料的那样在快速发展，并且这种精神病，能够神奇地在没有任何明显症状的情况下或多或少的存在，但会在不久以后变得十分明显。此外，我的“刽子手精神科医生”在最初的一次诊疗中就明确说过了：要不就吃药，要不就接受几天的看护观察。

此外，我曾读到过——一位精神科医生也向我确认了——精神疾病的其中一个症状（尤其是精神分裂症的一个症状）在于病人认为自己没有得病。如果这些症状你都有，那么你只可能是处于一种非常特殊的精神状态中。这就像蛋糕上作为最后装饰的樱桃，我曾对周围的人谈论过此事，我说道：你们要做好准备！我的精神病会在某一天发作！当医疗人员向你确认很快你就会产生幻觉，于是你便生活在一个戒备的环境里，你窥伺着它们的出现。比如，在大街上或在家里时，你听到一个声响，出现在你脑中的第一个想法是：难道这不就是第一个幻觉吗？随后，你去确认，于是便陷入了妄想中。

曾经有一段时间，在2001年的10月或11月，那时我在精神方面真的有些混乱，我进入了另一个世界。那个世界类似于一种对20世纪20~40

年代精神病院的精神重建。最初，只是精神上的。很快，环境变得更为现实：随着剂量的增加，服用药品类别的扩大，我的身体也陷入了混乱状态。

各种各样的药品持续好几年无休止地穿梭往来。我认为，我可能尝试了药店里几乎所有的现存药品，除了氟哌啶醇（Haldol）[1]（在波斯语中，hal指“状态”，而dol是法律用语，指“欺诈”）。我有一个荣誉头衔——法国最早服用第三代安定药阿立哌唑的患者之一，而这既非出于我的本意，我也完全不知晓。

每一种药品都有不同的药效。在我被认定为“疯子”的最初时期，我开始服用小剂量的首利安锭，每天100毫克，它导致了轻度嗜睡，以及无法思考。首先是无法思考复杂的事情，随后便波及更为简单的事情。然而，与人们有时所认为的以及一些医学书籍上的内容相反，我在情感上的苦恼和焦虑仍然存在，只是无法表达出来，或是在心理过程中听之任之。就我的个人经验而言，我认为，服用首利安锭没有真正改变我的内在感受；相反，服用这种药物产生了更大范围的内心封闭。

随着药物剂量的增加，之后精神科医生便开始让我去服用那些具有纠正效用的名贵药物，但这些药物既无法消除其他药物的副作用，也无法消除它们自身的副作用。

随后，首利安锭的剂量大量、大量地增加，因为它对于病情的本质没有效用。神经上的副作用随即开始显现，每天有一到两次我背部的每块肌肉都剧烈地收缩，并以一种绝对无法控制且异常痛苦的方式使脊柱绷紧。这并不是一天中最惬意的时刻。我同时还失去了对颌骨的控制，它在无法忍受的位置上一动不动。我的父母叫来了急救也没什么用。我的话语能力归零了。

1 氟哌啶醇：用来控制急性精神病症的药物。

在大概两年之后，面对这些困难，我的精神科医生确认了，首利安锭不但不起作用，而且其副作用反倒成了主要问题。朝夕之间，我的“刽子手精神科医生”说：“放弃首利安锭，开始用奥氮平[1]吧。”起初，有一种置身天堂的感觉，因为无论人们怎么说，和首利安锭相比，奥氮平显然有了更多的进步：对于背部肌肉和颌骨不再有副作用。但它具有其本身的特点！其中之一便是，大概像大多数服用者一样，我睡得很多，很多，很多，几乎一直在睡。那个时期，我每天要睡23个小时。起床去上厕所是一种尤其令我焦虑的想法，因为当我快醒来的时候，我必须承认事实：我真的应该在几小时内起床。当得知奥氮平通常是用来改善自闭症患者的社交化能力时，这是多么尖酸讽刺的情景啊！

另一个副作用在我家更受欢迎：服用奥氮平使人发胖。对于像我这样的一个厌食者来说，这再好不过了。几个月后我的体重就达到了59公斤左右。但对于一个身高两米左右，体重110或115公斤的人来说，就不是什么令人愉快的事情。

然而，诅咒仍然在继续：只是奥氮平不起作用了，尽管患者本人有所好转。就这样，我的精神科医生开启了鸡尾酒疗法。然而，医学上一般不建议精神科医生同时开具多种安定药物，但是他对我却有这个权利，问题在于了解鸡尾酒疗法是增加了疗效还是引起副作用。而我服药后的情况则主要是副作用。于是，又一次治疗失败了。

在那个时期，我的心理治疗历程有了一次新的转折，由于早些年的治疗造成了如此多的损伤，于是一个朋友建议我重新咨询一位心理分析专家，他给我开了一种新药，可以称之为“精神维思通”（psy Risperdal）[2]，其分子结构被认为可以刺激少数萎靡不振或患有紧张症的

1　奥氮平：防治精神病系列中的另一种药物，它被视做在情绪控制方面有一定作用。

2　精神维思通：防止精神病的药物，属于第二代安锭药系列。

病人。我进行的鸡尾酒疗法慢慢转变为维思通的单线治疗，药物剂量在逐渐增加，但对于我的深层病理，却总是缺乏有说服力的结果。

在我看来，对维思通的异议之一在于，与出自我本性的焦虑相比，它使我更加焦虑了。于是我的“抗焦虑”阶段开始了。我必须研究这一类药品的所有系列。与安锭类药物相反，这些药品的成瘾药效较大，它必然会让我有一段全新的经历。

在服用了安锭药物和抗焦虑药品之后，对我来说接着便是走向“抗抑郁药物”。我多年来都没有去检查药物的储备量，但是我认为，我还剩下几个药箱，如果不存在过期日期的话，只要把这些药品贩卖给黑市，我的晚年可能就无忧了。

在“首利安锭医生”、“维思通医生”和“精神分析学家”的诊疗期间，一件完全出乎意料的事情让我的这段历程陷入了精神病学药典的迷宫之中，在各类心理医生的诊疗过程中都会遇到这样的问题。我通常咨询过的这些精神科医生对于用药的说法（三种，有时候甚至四种）是有分歧的。这让我感到困扰，但我坚持相信每个人应该有自己的专长。此外，阿尔都塞与精神科医生之间有过一段非常复杂的经历，但他从不质疑他们的话语。怀着类似的想法，我不再“担心”，此外还多亏了我的大量阅读，我发现即使福柯在著作中恶意批评精神病学的权利，但这样的批评可以说只是理论化的。

然而，这些矛盾（不同的精神科医生对于用药以及药量上的说法有矛盾）很快便呈现出来了，并且使得调节变得不可能。此外，剂量的相对减少可能刺激了反抗的恶习。

一天，当我从“维思通医生”的诊所回来，接着还要去“刽子手精神科医生”（或者称他为“首利安锭医生”）的诊所，当我试图向后者解释我刚刚结束的诊疗时，他说了一句话：“他对这方面什么都不懂！”随后还为他的同行说了几个客套的修饰语。这让我陷入了思考。

一个星期六的早晨，我再一次因为服药而变得有些迟钝，目光空洞地盯着巴黎市中心的一张长凳，就在结束了刽子手医生的诊疗之后，我决定再也不去那里了。我不知道如何，也不知道确切为什么那天我做出了这个决定，但是，无论如何，我遵守了自己的诺言。当天我便给他写了一封信，之后我就再也没去过了。

出于作为“好学生”的习惯，或者只是出于反射作用，我继续着我的诊疗，但是不如以前那么密集了，由于我不再服用药品，或服用的量少了，我能够更好地思考一些事情。不久之后，第二个受害者便是我的精神分析学家，我也给他写了一封信，他尽力想挽留我，但只是白费劲。

回顾这段经历，我对自己说，我花了大约五年的时间在巴黎最著名的精神分析学家的诊所里进行精神分析，他最近成为了一家很有影响力的研究所所长。对他而言这才是真正的收益。但是，在回忆的过程中，有时我却不禁会产生一些对现实的胡思乱想。如果我那阴暗的想法实现了，如果我即将成为无固定居所，只能把诊所当家的精神科医生，我便能够一直敞开我的诊所大门，要求高额的费用，而且是现金付款。

2007年大学开学之际，我作为病人离开的最后一个心理医生是“维思通医生”（心理分析学家）。在这段历程结束之时，他几乎成了我的一个朋友，我一心想要向他致以敬意，尽管我不能如此称呼他。他最终对我的病情得出了正确的诊断，但要到之后我们才能看到。

从2001年8月底开始，我治疗了整整六年时间。正如鲁滨逊·克鲁索从他的小岛（自闭的岛屿？）回归之后所说的，在一段漫长的，十分漫长的缺席之后，我重新回到了伦敦（或更确切地说是巴黎）。

短暂的时光以及小故事

这些年发生了许多事情。在叙述这些故事的同时，也许如人们所说的那样，今后我可能将独自一人作为出色的自闭症患者继续从事弗洛伊德研究。即使这些年就像“下地狱”，如同漂泊在医学领域里以及可怕的诊断中，我仍然能面带微笑地面对这段经历。

以前治疗我的精神分析学家可能不情愿地为我提供了相当数量的诊断。在他的诊所里，他在诊疗过程中经常会陷入长时间的沉默。他向我问好，随后坐下，他以一种特别的方式命令道：“说吧！”之后，他便什么都不说，直到诊疗结束。他可能比我还要自闭。在有些诊疗中（很少），他显得比往常话多些，他会向我提几个问题。比如，我们最初在电话里讨论过，因为电话铃声对我而言是难以体验的，当这方面只是有了些许的变化时，他问我：“谁能给你打电话？”言下之意是，我对于电话的焦虑是来自于给我打电话的那个人。我回答：“从没有人给我打过电话。”这意味着，要么就是我听到了根本不存在的铃声，要么就是我相信与不明飞行物、中央情报局或其他实体有联系。

当我提及我的焦虑时，比如在商场里，他向我解释说，其实我有偷窃或破坏的冲动，这种感觉非常强烈，以至于在克制的同时，产生了这种焦虑。这种心理机制的特殊性在于无法证明并且无可辩驳：比如，我从来没有在商场里偷过东西（但这点也是，能够确认吗？我可能无意识地做过，或者在象征的层面上实施过）这样的事实只是证明了对于上述冲动的抑制特征。

最初，在结束了这些诊疗之后，我有些沮丧——可能算不上抑郁，更应该是一种沮丧的状态。随后，这种状态便让位于一段空白的记忆，也就是说，对于涉及药品的所有经历的记忆缺失。

我质疑所进行过的诊疗。如果有人确实让我进行无论什么诊疗，说实话我不会理睬的。一天，精神分析学家冷不防地对我说：“你会一直来我的诊所直到我退休。”从就医安全的角度而言，没有比由他来一直诊疗更好的了。

另一个问题是关于我那或真或假的顺从性。我认为，我与周围人所能进行的讨论显示出几乎所有人在这样的情况下都想要放弃就诊心理医生和服用药片。难道自闭症只是极具讽刺性地使这样的场景成为可能吗？在不假思索地吞食这些药片的时候，难道我就没有产生过怀疑，或者确信自己真的可以痊愈吗？在我看来，正相反，像精神分裂症这样的心理疾病的标准在于，病人总是时不时地拒绝服用药物。

我现在明白了，开具药方时似乎非常的滑稽——维思通医生并不知道该标注多少剂量，他就在我面前查阅手册和书籍。

总是在回顾的时候才会感受到其中最美好的一个时刻，就是某天这位维思通医生建议我去一家研究所——青年盲人研究所。当时，尽管我服用了药物，但仍有一刹那的震惊，即使我已经为所有诊断做好了准备。我问他为什么要我去那里，他坦率地回复我：“我之所以想到青年盲人研究所，是因为你无法直视我。”他确实给我开了药方，上面写着研究所联系人的名字，还有联络方式。由于那时已是我诊疗的最后阶段了，而且与他的前两位同行相比，这位医生人性多了，他没有强迫我去。我听从了我的朋友弗洛伦斯和洛瓦克的建议——之后我会再提到的，没有去研究所。相反，我保留了处方，有时多亏了这个插曲，我和那些盲人朋友们度过了愉快的时光。

另一天，这位医生再一次尝试帮助我。他建议我进行精神病患者的财产管理。在那个时代，我享有再就业和指导技术委员会（后来成为了残障人士省级单位）发放给残障人士的补助金。根据我医生的看法，这种管理是基于我花钱不多。通常来说，精神病患者的财产管理是针对那些入不敷出的人。我的任何行为都被解释为病理反应，良好的财产管理竟然也成了其中之一。

我在维思通医生诊所里经历过一些快乐的时光，那时的他可以说比起其他时候要更加谨慎，即使他会做些蠢事或犯错误。他多次在为我开具某种药物前征求我的许可，但其他的医生则不会这么做。其中有一次，我用自闭症患者的方式（我原本不该这么说）回答道：“在摩纳哥，据说有一种至高无上的处方……”这是真的，摩纳哥王子签署的文件就叫做至高无上的处方。我想要表达的是，就这样，由他来决定。心理分析学家停顿了一会儿，思索着：他应该是妄想症患者，还是用这种药吧！好吧，足量的维思通……

我的诊断

我曾有过许多诊断，以及非诊断。童年的时候，我不理解通科医生或专科医生对我父母所说的一切内容，但我从来没有遇见过心理医生。我的治疗主要针对厌食症、听觉问题、心脏问题。人们可以将如此多的事物与自闭症联系起来，但是这些问题很少有令人满意的答案，尽管问题的严重性很明显——我的父母事实上尤其对医疗效果感到犹豫，他们急迫地需要咨询一位医生。

青少年时期，人们谈论我时用的词是抑郁、异常焦虑。没有人用“自闭症”这个说法，但是在当时，诸如类精神分裂症患者、精神病人格等等这样的说法，被使用来确指如今被称作为自闭症患者的病人。

不久之后，在精神病科度过的那些糟糕年月中，我十分频繁地浏览杜巴涅医生的网上精神分裂症论坛。经常浏览就是指，我时常忙于阅读这些信息，但从未发表过任何东西，如今我有些遗憾。我的很多虚拟“朋友”，即那些只存在单方交流的朋友，几乎直接消失了。由此我也对这段时间感到有些遗憾。我学到了很多东西。

我能想起遭遇过的最为稀奇的诊断之一：那次诊断的结果是想让我变成女人。产生这种猜想的那位精神科医生向我谈起了舍贝尔庭长。他甚至给一位同事打电话告知自己的不安。

我认为，维思通医生是第一个说“阿斯伯格综合征”的人。在法国，当时很少有精神科医生知道这个术语。他把我送去一位同行的诊所，他做出了更为可靠的诊断。我有了这样的印象，即他是个不错的专家。然而，我只去了三次他的诊所，因为，要和他预约看诊，必须要给他的秘书打电话。当时这对我而言是不可能的，如今也是十分困难的。不应该认为在得出诊断后，便要停止自身的运行模式，至少在我的案例中是这样的。

诊疗结束后，好像我的病症与精神分裂类型中的精神疾病有关，我继续服用安锭药将近两年，这段时间我明白了我能够对某个精神科医生说“不”，并且付之于行动。这是一个漫长的过程。不幸的是，没有一个医生在这段进程中给予我帮助。进行诊疗使我明白了一些事情，比如我并不是和所有人一样具有相同的兴趣点。举个例子，其他人会在周末去看电影，或者两人很快地完成某些事情，而我却不行。对于我自己的问题，我开始有了答案，明白童年时期的一些事情，为什么在课间休息时我无法和别人一样……

但最终，每个人，自闭症患者或正常人，都是独一无二的。我们都有各自思维的特别之处，这是属于我们自己的性格特点。

也许我还有很多种疾病，专家们还会制定新的诊疗方案吗？无论如何，在经历了这些精神科医生之后，我又成为了一个笨蛋，和以前一样。

第4章

自闭症，是什么？

“精神失常的人是幸福的，因为他们让阳光照亮了生活。”

——米歇尔·奥迪亚（Michel Audiard）

尽管我有些犹豫，但是用一个章节来阐述“自闭症，是什么？”这个问题还是必要的。我慎重地把一个章节置于本书的中段，从第一页开始阅读的读者可能无法明白。而对于那些和我一样有时会从书的最后一页开始阅读的人而言会有同感。一个由无明显顺序的关键词组成的章节——但是在自闭症的特征中是否存在一种系统顺序？

准备一些不只是有实用性质的导言类内容是必要的。就像我会在之后再次提到的，也许读者已经猜到了，在自闭症方面，我是一个江湖医生。我既不是专家，也不能就这个主题做一些深入的演讲，自省的办法可能是再一次谈及我的自身经历，并希望与此同时其他人能在自己的经历中找到一些共同之处。除此之外，没什么能表明我以一种特殊的方式来体现自闭症。讲座结束后，当父母向我走来，并亲切地告诉我他们的孩子和我有一些共同点时，我心想，“可怜的孩子”。幸运的是，无论如何每个人都是不同的。

读者朋友，请把这个事实保留在心里。不久之后，当人们谈论自闭症时，有人可能会觉得这个话题必定涉及了自己，不要感到害怕。如果在一两个故事中看到自己的影子，放轻松，不要浪费钱跑去看儿科医生，他是唯一会抨击幼年期精神病的人，更不要去看兽医。

内心的监狱

对于那些研究精神病学史的业余爱好者而言，最古老且最普遍的自闭症定义之一类似一种内心的监狱，或者空空的堡垒。也存在着一些变体，比如有关最终的诊断，一位精神病科医生向我的一位朋友提出了这样的问题："当你走在大街上时，你是否觉得自己在一个荒芜的岛上？"回答："不是。"结论："那么你不是自闭症患者，再见。"此外，不应该把自闭症和对度假地的幻想混淆在一起——这个结论可能取决于上述自闭症患者的收入。

从更为严谨的角度而言，我寻思，对于普通人来说，什么是内心的监狱。我认识一些完全被认为是正常的人，他们每天早上去上班，一直待在办公室里，也不知道直到晚上几点钟才会结束工作，然后乘坐地铁回家，看一个小时的电视，随后吃些东西，睡觉，直至第二天的到来。当与这类人开始一段对话时，可能有两到三个话题可以谈，而十秒钟之内，他们就已经没有信心继续下去了。比如，他们支持某个足球队，投某个党派的票。当试图问他们为什么时，他们回答道："你很清楚，其他人就是个笨蛋！而他，他会赢的，这很明显，你很明白其他人是多么的无能！"这些人被认为是正常和自由的。如果费神公正地审视一下自闭症患者，我觉得，他们中很多人在许多方面表现得比这些人更为灵活。

当然，我的确有一个内心世界，不会与他人分享。尤其不会与那些对我很粗暴的人分享，比如有一位精神科医生，每15秒就会问我：“你在想什么？”我觉得独享自己的内心世界是幸福的。每个人都有自己的世界，如果没有属于自己的内心世界，那是多么令人悲伤啊。现代社会中，存在各种企图终结这座内心花园的尝试，来自广告、医学、经济方面的压力试图消除这块非生产性的小天地、这种时间、这种反常。我觉得这种尝试导致的最终效果是非常灾难性的。

第一次来到撒马尔罕，人们经常会感到震惊，就像其他远离西欧的地方，那儿有许多闲散的人，上了年纪的人或其他的人，他们长时间待在街道隐秘的角落或者咖啡馆里冥想。要把他们关入精神病院吗？曾经在拉巴特的一次研讨会上，有人说，以前生命的意义在于将我们从祖先那儿继承的诗歌流传下去，应该把这个人监禁在堡垒里吗？

文艺复兴时期有一本书，名叫《世界迷宫与心的天堂》，标题很好地反映了作品的内容。除了用语优美之外，这是关于一个既天真又贪婪的年轻人发现世界的故事。他到处旅行，最后，结果并不是像马可·波罗那样衣锦还乡。旅行，究其终极的结局，是陷入内在性。在这方面19世纪的成长类小说与这部著作相距甚远。

然而，该书的作者夸美纽斯，比巴尔扎克，甚至比左拉更具革新力。文艺复兴时期的伟大人文主义者夸美纽斯用一生的时间游历欧洲。他还是新教学法的创始人，而在当时，人们是通过打孩子来让他们学习拉丁语，他表示，孩子们通过游戏能更好地学习。更糟的是，他对女孩也宣扬同样的教育理念。让女孩去学拉丁语，多么糟糕的想法啊！我不禁想到，拥有内心生活的这个事实会成为一个问题或烦恼。更确切地说，烦恼，天呐，就是外部生活。

规则，就是规则

据说，患有自闭症的人非常死板，他们用一种套语来表达这种坚持：“规则，就是规则。”顺便说一句，这个短语的意思需要解释才能明白，这种说法的言下之意是，说出这句话的人坚持严格遵守规则。否则，这种说法只能被理解为一种不断重复的句式，就像“单身就是单身”。当戴高乐喊道“敌人就是敌人”，他肯定是在动员部队，但是对于一个偶然收听他的话的自闭症患者而言，可能还不够清楚这句话的社会背景。

为了究其深意，我认为，如果自闭症患者的这种死板可以在很多情况下被察觉出来，那么它就不是绝对的。一些研究显示，在某些领域中，自闭症患者比其他人灵活得多。我们可以列举其中的一种情况，这是我的个人经历，就是关于国籍归属，我总是很难理解，成为德国人或比利时人代表什么。在我看来这太抽象了。成为印度尼西亚人可能更难想象，因为其中存在着文化与外形上的根本区别，但是，举个例子，如果有人要求我成为某个国家的人，并且让我毫不费力地做到，那么立即成为或把我当成爱沙尼亚人并不会让我感到不适。这表明，在这种特殊的情况下，个人经历对于自闭症影响更大；无论如何，鉴于人类的复杂性，孤立地谈论“纯粹”的影响，而不考虑自闭症这个因素，是几乎不可能的。在我消沉的时候，我觉得自己是没有国籍的人；在我疯狂的时候，我觉得自己是世界公民。更糟的或更好的是我不知道该如何“正确地”读出我的姓氏和名字，这取决于我的对话者。当我和一个不说法语的人打交道时，我的姓氏和名字发音是不一样的，我不会试图让他使用法语的发音。我甚至注意到，大大出乎我的所料，许多人在说自己的名字时是十分敏感的，但我不是，你叫我约瑟夫，焦泽夫，尤瑟夫或者郁苏夫，只要我能认识到这是我，就没有问题，就像有人也可以商量好叫我斯蒂芬妮。

自闭症患者还具有另一种特性，即不会完全遵守社会法规，基于这种特性他们通常显得更加灵活：这属于老生常谈，或是社会建构之类。对于人类而言，这就像喜欢足球和小汽车，以及喝啤酒。此外，很难觉察出什么属于理论上纯粹或完全的自闭症，什么是由于许多自闭症患者脱离社会而造成的，因为脱离社会的人很少会遵守社会法规。

无论如何，自闭症患者通常难以适应环境，也难以在意外情况下想出行动方案。你在面包店里，必须立即做出取舍，做出反应，这是非常复杂的。当我6年级时，有一天我的法语老师下课超时了几分钟，我便泪如雨下。她过来看我怎么了，试图安慰我，问我为什么要哭。当我向她解释困扰我的原因时，她什么都没说就走开了，于是她那母性般的温柔也消失了。回想当时，我觉得，她可能是生气了。

举个典型的例子来说，自闭症患儿可能会揭发在课上讲话的同学，或者那些考试作弊的同学。这并不是因为他们不喜欢这些同学，或者他们想对同学使坏。这只是对法规的遵守。对此最好的证据便是，他们对老师也会做同样的事情：当一个老师犯了一个错误，他必须很严厉做出纠正，这与他对同学所做的是一样的。我有许多有关此类的饶有趣味的轶事。有一次，当时我在上小学中级课程2，一位校监来到我们的教室。教职员工尤其害怕校监，老师已经给我们做出了明确的指示，那天我们必须特别谨慎、小心。在离开之前，校监为我们做了简短的讲话，我开口对他说道："先生，您犯了一个错误，您并不了解这些阐述出来的教育理论……我没法继续说下去，因为他以一种难以置信的粗暴打断了我的话。孩子不被认为可以纠正老师，何况是学监！

在对于意外情况的管理方面，不可能所有的意外都有解决办法，因为意外的情况有很多，这时可以预备常说的"B计划"。举个例子，假设我预定的酒店告诉我由于各种原因我不能入住，如果我已经准备了另一个方案，我就会觉得自在些。不要为了一些普通情况去设计多样可供选择的方案，否则自闭症患者会在混淆中迷失自我，而最终会生活在猜疑的模式中。比如，几年前，我无意间拿走了公共机构某位行政人员的口红，只是因为我在会议开始前就到了，在我专属的座位那里，有几件东西放在我的桌子上，一些小礼物、圆珠笔以及一个口红。我以为，口红也是给我的礼物之一，于是我把它放进了包里。过了一会儿，行政人员到了，我应该为这个尤其尴尬的情况找个解决的办法，不仅为了她更是为了我。

再举些关于“称赞”的例子，你既要做出积极的反应，向他人显示对于他的话语你不是无动于衷的，同时还要表现出谦逊，还不要忘记评价他人，因为，在社会上，当有人赞美他人时，通常是在期待一个回应，对于礼物也是如此。有人教我使用这样的句子：“谢谢，这一切都多亏了您，如果下次我们一起做的话，会做得更好。”困难在于说这些话时必须用一种令人信服的语气，不要对同一个人使用两次同样的话语，依此类推。就这点，我找到了一个有趣的故事，是一位患有自闭症的年轻姑娘的父亲讲给我听的，作为称职的家长，他试着促使女儿去发现新事物，改善她的社交能力，为此他称赞她道：“很好！好极了！你真的成功了！你是个出色的女孩！”一天，女儿回应道：“爸爸，昨天你已经说过了！”如果我们对自己的另一半说“我爱你”，既然只要我们不说与此相反的话，这句话就是有效的，那么为什么第二天或一年后还要重复说呢？要知道，有时赞美是骗人的，是为了促使他人犯错或是为了摆布他。于是在女性杂志中——在一个时期我大量研究了这些杂志——人们解释该怎么做才能让你的丈夫去做家务，其中常见的一个方法是运用恭维的话。恭维，在这种情况下，是很有趣的，甚至是具有欺骗性的。事实上，在工作中也同样如此——老板用夸赞的方式表现其对于一位合作者的友善，而就在这之后，给他布置了一份工作，于是他便急忙投入工作了，并且对于所得到的高度评价而感到自豪。

所谓体现自闭症患者死板的另一个方面，是关于他们所喜欢的日常生活，这让他们感到安心，可避免发生问题。在你穿戴的时候，如果你总是选择第一件衬衫，你的早晨将会很轻松。但如果你知道在选择了衬衫之后，还有许多其他的事情要做，你就需要一个使人安心的算法。还有那些女性杂志上面介绍了一些方法教你如何使夫妻重燃爱火，如何给他/她以惊喜。为什么要给所爱的人惊喜，引起他/她的紧张和不快呢？对于自闭症患者而言，更让人愉快的通常是规律性、可预见性。

与异性的交往

与异性交往可能比与熟悉的社会团体交往要更容易，这种观点初看起来可能与直觉相反。然而，情况并不总是这样。同样，旅行也可能成为压力的来源。无论如何，旅行和与异性交往从某种程度而言有相似之处，即如果在法国我做了件蠢事，被认为是个古怪的人或自闭症患者，而在一个遥远的国度，人们不会把这件蠢事当回事，而是把它归咎于我异国的出身。比如，最近，我去一家专门出售维吾尔族菜肴的商店购买食品，我在面对老板时没有做出正确的致意。后者先是保持镇定，随后让他的儿子过来，他儿子会说英语——这使我感到遗憾，因为我想避免说英语。总之，作为外国人表现奇怪，是再正常不过的事了。再举个例子，在课间休息时的操场上，自闭症患儿经常只能与那些和他们完全不同的孩子接触，这在小学是正常的。如果你是一个患有自闭症的男孩，你要走进一群女孩，你做了件蠢事，这不会产生太多的问题，因为女孩们会说："这很正常，只是个男孩！要向他解释。"更好的情况是：如果她们在讨论化妆，比方说，你对此一窍不通，如果你在那里，你听着，她们通常会很高兴地展示她们所知道的。如果你有勇气和她们去购物，听她们谈论衣服，你就会得到一生的朋友。

至于我，我有时会结识一些老顽童。“老顽童”当然是一种昵称。我也会结识一些阿尔茨海默氏病患者。通常我会结交一些被排斥的人，他们觉得无法和年轻人交谈。然而，他们有一生的经历，很多事情要说。可能是老生常谈，但是我认为，通常情况下，上了年纪的人说的语言和我小时候或少年时的语言很切合。

眼神游戏，情绪游戏

对于自闭症患者而言最困难的事情之一是眼神交流。在每种语言中，有上千种说法来表述眼神——“冷漠”或“逼视某人”是什么意思？不要嘲笑不明白这些短语的自闭症患者，你能解释吗？眼睛对什么“开枪”呢？答案通常是：互相感受，互相看，这是显而易见的。然而，这里绝对没有什么显而易见的。我很自然地便能想象出所有可能在这方面产生的社会误解。

自闭症患者通常很难与他人对视，所以眼神会置于一些不寻常的地方。这可能被认为是不诚实或口是心非，然而事实并非如此。自闭症患者能轻松地在和你说话时转过身背对着你，这在社交上被认为是严重的冒犯，但是，这并不是他们的本意。要求看着对话者的规则并不是绝对的，不应该持续地看着对方。

面对这么多复杂的情况该怎么做呢？在我看来，我阅读了一些管理方面的书籍，其中类似的情况十分复杂。窍门之一就在于盯着对方两眼之间的某一点持续20多秒，然后垂下眼睛，然后再次盯着刚才的方向。原则上，这能行得通，但是你不应该在整个招聘过程中看手表，以此知晓20秒是否已经过去了。生活可能是非常复杂的，具有许多社会喜剧的特征。

除了眼神之外，还要懂得阅读他人脸上的感情。认为自闭症患者没有这种才能的想法是不恰当的：这种才能更多的是通过学习获得的，而不是出于自发，因此阅读错误较为常见。实际上，当你看到有人在哭，该采用什么态度？当有人和你说话时脸部表现出某种表情，他可能正在讽刺你，可能赞成你或不赞成你。如果无法很好地理解这些迹象，社交失败的风险是很大的。

无论如何，事实上，人的真实感情并不总是与脸上的表情相符。在装出某种不真实的感情方面，人们是很机灵的。此外，很大一部分感情代码是从文化意义上限定的。在日本、欧洲或中东，人们不会以同样的频率和同样的理由微笑，所有这些情况需要大量的学习。自闭症患者可能至少有一个优势：习惯于学习脸上的表情，对于他们来说这可能不会比学习其他文化更复杂，在这一点，那些依赖自身“直觉”阅读的人可能会更难戒除这个习惯。

亲吻和致意

和交谈者打招呼应该保持多少距离合适？实际上，这取决于文化参数。在日本或美国，这个距离与在欧洲现行的距离是不一样的。自闭症患者这方面仍然需要很多的学习。一个完全紧贴对话者的自闭症患儿会被认为是不礼貌的或者很可爱，二者择一；如果成人这么做，就会被认为是骚扰。此外，距离要视情况而言：如果你想要表达对某人的挚爱，就要离得近些；在职业场合，要离得稍远些。对于自闭症患者而言，这真是个费神的工作。

直到最近，另一个文化要素——亲吻，给我制造了问题。这仍然是个想起来很奇特的事情，这让一些外国人发笑。比如，在法国，女人之间行贴面礼，但是男人之间则不会这样。在中东的许多国家，女人之间行贴面礼，男人之间也行贴面礼，但是男女之间从不行贴面礼。当遇到他人时，应该思考一下该用哪种方式，这反映出呆板的内部运转；但另一方面，这避免了做傻事！比如，一位身处不同文化中的欧洲人可能会滥用贴面礼——我打赌我们在新闻上已经看到过一些好笑的例子了，如英国女王和一些法国政客……

对我而言，向谈话者致意的确属于一种突击行为。事实上，细节是无法解释的，因为每个人都被认为是自发理解这些行为的。这样，贴面礼的具体机制取决于国家和地区：三次，四次，两次，是否需要同时发出轻微的声响？

当人们想要去握手时，其实这个动作比人们想象的要复杂得多。这是某种按压的行为，是手指的某种动作。你如何把握握手的尺度？你是握住手指尖、手掌还是其他部位？当你握手时，你何时会伸出手？如果你伸手过快，对方会认为你排斥他，或者觉得你和他疏远了。如果你伸手不够及时，对方则会认为你是个吝啬的人，或是觉得你很傲慢。还有传说中特别的握手仪式，它适用于某些宗教团体。这种仪式让人感到更加迷茫。谁能想象，正是因为没有能力行贴面礼或是之前失败的创伤记忆促使年轻的自闭症患者逃避社交接触？

天真

天真通常是自闭症患者的另一个特征。最好把天真分为两类：真天真，说得简单点，就是相信他人所说的一切；假天真，即其他人认为他们十分天真且幼稚——对于掠夺者而言，这是绝好的机会去任意操纵他人。

童年时，天真是我显著的特点之一。我的父母有时叫我“煎饼”。我相信人们所说的一切，甚至是最为反常的事情。在这点上，如今的我正相反，我觉得自己变得厚颜无耻且悲观。当有人和我说话时，通常我会考虑两种假设：这可能是真的，或者不是真的。我总是这么做是为了避免措手不及的情况，或者被人摆布。经历了一些事情之后，我觉得可以揭穿那些想要操纵你的人，关键在于不要过于屈从于妄想。

没有人曾尝试让我放弃我的假天真。没有人向我指出，假天真就隐藏于我声音的语调之中，我笑的方式对于我的信誉而言是灾难性的。于是我试着留神自己的言行，不幸的是或幸运的是，这么做不总是会成功。总之，某种淳朴在生活中是必不可少的。

但事实上，出于两个原因事情要复杂得多：一方面，去揭露掠夺者来自保是不够的；另一方面，运用社交准则来正确行事也是不够的。我试图同时发展这两方面。即使自闭症患者最终明白应该要避开某些人，他们有时仍会出于友善或遵守约定继续与之交往。我生活中就有这样的经历，我曾多次陷入这样的情况。有一次，我受邀给五到十个人做一个关于自闭症的介绍，直到很久之后，在一次偶然的交谈中，我才明白大家都收到了差旅费，甚至还有津贴，只有通常比其他人还要穷的我没有拿到任何补贴。当我意识到不公平时——通常我最终都会认识到这点，因为，尽管我有天真淳朴的一面，我仍然算是个会察言观色的人——我倾向于不指出来。在最坏的情况下，我会写一封含糊的抗议信，但通常我收不到任何回复。

教授年轻的自闭症患者使用社交准则，并且告诉他们，遵循这个准则能使他们应付社交困难，我认为这样做是不够的。他还应该明白这样做是好还是不好。理论上讲，可以对某人说“噢！你很帅、你很美、你的家很漂亮等”，罗列这些恭维话，这是能学会的。但是当情况不合适时，这样做还对吗？难道懂礼貌就要不断增加礼貌用语吗？唉，没有绝对的策略。

对我而言，我试着避免说坏话，但又不是说谎。这是一种平衡技巧的游戏。有时，我会纠结于几个对立的命令。生活中有一些优先的规则，无论是在车辆行驶中，还是在人行道上，依此类推。其中的一个规则就是要让上了年纪的人先行。必须这么做，但不用说出来。你不应该对一位正在走路的老太太说：“走吧，我让您先过。您太老了，从您脸上的皱纹就能看得出来。”这样说被认为是一种伤害。然而，这位女士应该很明白人们让她先过，是因为人们觉得她上了年纪，但是她不愿意听人这么说。

生性焦虑

我是个生性十分忧虑不安的人。只需看着我手指的状态，便能知道我焦虑的程度了。幼年时，我有啃指甲的习惯。但是这种表达方式是不恰当的，因为对我而言，还有比这更糟的。我的父母尝试了各种可能和可想象的办法。但都没有成功。

当我遇见某位医疗界人士，或者具有相关领域知识的人，他们对我说的第一件事通常是，我异常忧虑。这在自闭症患者身上几乎是很常见的情况，至少对自闭症患儿和年轻的自闭症患者而言。随着时间的流逝，我只能做到尽少表现出焦虑，并显露出平静的表象。在十分强烈的内心焦虑和可能多少显得平静的表象之间会存在一种二元性。我觉得其他人比我更易因情绪而发怒，我的性格可能比有些人更为稳定。我焦虑的程度也是相对稳定的，但这种焦虑是稳定在一个较为严重的程度上。

这可能会有一些好处。我认为自己比许多人更有办法去面对焦虑的情况。比如参加口试，高中毕业会考的口试是一件令人紧张的事情，但是对我而言，这件事并不比日常生活中的其他时候更让我紧张。我认为，习惯了高强度的紧张，由额外的紧张所造成的影响可能更容易管理。焦虑的另一个好处可能在于饮食方面，可以节省减肥药品……这需要医学的考证！我觉得，我可以在早上、中午和晚上去快餐连锁店吃饭，而不会因此发胖。我可能并没有科学依据，但是我有这种感觉。

如今我仍会产生强烈的焦虑感，其他人会看到，当我在站台上踱来踱去，我显得异常紧张……我时常会这么做。但是我能够运用一些策略来让自己或是消除，或是管理，或是避免过于强烈的焦虑感。

如今我知道哪种情况下应该避免焦虑，比如嘈杂的商场或是到处是警察的街道，我清楚当紧张的程度达到一定限度时，我该做什么。这是一种个人的修补，在很多情况下是有效的。

感官的问题

自闭症患者经常要面对针对光线和声音的过度敏感反应。有多少教室的照明设备对自闭症患儿来说是可承受的？霓虹灯也可能成为问题：如果对于光线过于敏感，持续一段时间看霓虹灯闪烁，可能就会感到十分难受。当所谓的好天气来临时，阳光对于自闭症患儿或成人自闭症患者而言可能是个挑战。当一个发光的方块呈现在你的桌上时，你会怎么想，怎么工作，怎么听老师讲课？你尝试一到两分钟，但很快你就不知所措了。

在一间教室里，总会有一些小的声响，比如孩子们的小动作或是闲聊。当你坐在第一排，这些可能克服，但是当你坐在最后一排，你就完全被这些声响淹没了，几乎不可能持续集中精力。有些声响，听起来非常响，可能会引起强烈的焦虑感，以至于能使身体的内部功能停止。对我来说，这种情况时常会发生，比如当一些噪音很大的汽车，如大型卡车近距离驶过时。学校的铃声也会有同样的效果，尤其是以前的铃声非常响，听到铃声真是受苦受难的时刻啊！当我在书上读到，孩子们等待下课的铃声，对我而言这有些难以理解。就这点而言，其实可以想出十分简单的解决办法：安装另一种铃声系统，通知孩子铃声的迫近，让他们带上耳栓。

让我厌烦的是长时间的声响，比如闲聊时低沉的声音。我难以应付，这会导致某种神经元的迟缓，它让思考和运作都变得复杂。

当我还是孩子时，我觉得，在触觉、味觉方面，我比其他人更敏感。我不能穿太多衣服，甚至现在，我穿的是某种类型的制服，我有固定的或半固定的衣橱，里面的衣服都是我穿了很多年的，我已经习惯了穿这些衣服。

非成文规定和困难

在我们的社会生活中，我们被一些非成文的规定所围绕着，甚至在我们没有意识到的情况下，也能观察到这些规定。但是对于自闭症患者而言，学习这些规定要困难得多。如果没有其他人来给你指导，会犯许多错误，做许多蠢事。这种情况可能会持续几年，十几年，甚至是一个自闭症患者的一生。

最经典的例子可能就是那个关于火车检票员的经典笑话，检票员走过来问你："我能看一下您的车票吗？"你却回答："不行，您不能看我的车票，它放在我的口袋里。"这便是自闭症患者不理解社会准则的典型案例，在这种确定的情况下，最常犯错的一般是孩子。事实上，成年人通常会学习避免一些基本的错误，但是当我们身处的环境是不同性质的、动荡的、新的或出乎意外的，我们会做一些其他的蠢事。

学习社交规则

我觉得，学习社交规则就像学习一门外语。起初，你觉得很难，学习的过程完全是人为的。慢慢的，你就会越来越轻松。到了某个阶段，还需要点运气，在某些情况下你便能设法应付了。但是你在某些时候必然会犯一些错误，我指的是语法方面，就是说错误地使用某些规则，或者比起其他人的运用自如，你仍会有错误的理解。比如，你会面对意料之外的眼色。这意味着什么，如何解释？这是自闭症患者，甚至是那些很聪明的，而且已经学习了很多的自闭症患者仍会觉得困难的问题。你可以获得诺贝尔奖，但是你却不知道如何以合适的社交方式说“你好”，这是完全不同的两种能力。

我们可以拿一个已经学习了社交规则的自闭症患者与一位临时演员或喜剧演员作比较。因为一直遵守、运用所有这些规则有其人为的一面。这样的形象很有趣，因为它同样展现了自闭症患者何时会因为遵守规则而导致筋疲力尽。有时，当我必须乘坐火车时，有人向我建议让别人和我一起去，言下之意是，为了让旅途更加惬意。但是人们很少意识到，对我而言，这是一种额外的责任——在旅途期间，我必须有所“表现”，这便是紧张或疲劳的来源。

谎言和社会规范

自闭症患者在说谎方面没有能力，或者有很大的困难，这是件众所周知且令人震惊的事情。一些人最终学会了说些小谎，有时精神科医生会赞美说谎如同赞美一件美好的事情。其他人则要迟钝得多，比如我。在日常生活中，即使不承认，我们仍不得不使用一些小谎言，比如“我两分钟后就回来”，但是我根本就没回来。对于一个自闭症患者而言，这就是谎言，即使从社交上来看，这还算不上是真正的谎言。或者奉承某人，比如你对他说，某件衣服非常迷人，但其实在你眼中却很丑。有些谎言是社交上的需求，如果无法屈从，便会陷入难堪的境遇。

至于我，我尝试应付这些情况，略做思索之后，我觉得，在很多情况下，人们可以不撒谎又可以同时避免不利的境况。比如，我总是可以避免谈论一些让他人不愉快的话题。如果有人要我夸赞某件我觉得难看的衣服，但我又不能说这件衣服漂亮，因为这是撒谎，我会尝试寻找另一种真实的赞美和恭维。一般来说，这是行得通的。有时，思考是必要的。

如果你去参加招聘面试，你应该把自己描述为适合该工作的理想人选，撒些小谎来美化你的简历，但也不要过分以至于太明显。你也应该谈谈你杰出的才能，你应该提及你的业余生活，但不是实际的娱乐活动，而是那些可以使面试官感兴趣的事情，即多少和你的工作有关的内容。总之，要会推销自己。推销自己是就招聘面试的字面意义而言，但是这种做法在几乎所有的社交互动中都是有用的，甚至在朋友之间也管用。在许多企业中，自助咖啡机周围，尤其是周一，会展开某种形式的叙述——关于周末的描述，要描述它，并且加以美化。即使周末可能和配偶吵架，但人们这时宁可说些往自己脸上贴金的话。据说，人们“参观”（要理解动词“参观”在此处的含义……）某些展览，是为了显得有教养或优雅，但有时人们去了会场后，甚至不会去看展览，或是只待上几分钟。这时因为人们认为社会苛求一些东西，如果你不做，你就会不幸!

当有人问我周末做什么，我不得不回答一些社交上没有价值的，或是不被认为是有趣的内容。所以，要不我就逃避自助咖啡机，远离说闲话的机会，要不就尝试在可能的谎言和无法言说且毫无掩饰的全部真实之间疲于应付。晚上，当人们回到家，会自问："这些究竟是为了什么？"人们不是傻瓜，应该清楚地知道，所有人都在以一种或另一种方式掩饰。

当遇到诱惑时，我会告诉自己：如果有一天你表现得很好，而另一个人，只要他不算非常傻，就应该很清楚地明白，漂亮话与现实是不符的。这也算是社会准则。

社会等级

招聘面试时不恰当接话的典型例子便是面对未来的老板（在这种情况下，他可能不会成为你未来的老板）惊呼道："这里怎么有股臭味！"事实上，社会等级的诸多暗示之一是，老板不能有某些缺点。

稍夸张点说，位于更高等级的人总是有理的。所以不应该纠正老板的拼写错误，但是实习生很容易犯这样的错。不应该纠正老板，即使他在胡说八道，也不应该让人察觉到老板由于上了年纪或饮酒而造成的损失。

但是社会等级的问题同样可以对自闭症患者有利，一旦他们具有一定的地位，那么，其他人就不敢因为他们的奇怪而责备他们。有人给我讲过一个故事，一位法国大银行家生性古怪，总是一直不停地洗手。为此他在办公室里安置了一个洗手池，当他要去面试员工时，便会经常洗手。不管其他人是否把他当做精神失常的人。这件事值得我们思考一下古怪这个特质，以及人们批评、责备或排斥古怪的人的这一行为。

宽容

关于“宽容”这一点，我可能持反对意见：我不认为，自闭症的这种假设性刻板必然伴随着越来越严重的偏执。相反，自闭症患者会通过自己的运作方式，经常避免一些社交上的预先判断。比如，识别人脸的能力的确是一种非常积极的能力，但具有这种能力的人倾向于排斥某种类型的人——那些肤色不同的人或者那些不符合“审美观”的人等。不具备这种能力的自闭症患者可能更容易接受这些人，但这有时会不利于他们自身。

有时，当我在介绍自闭症时，我会要求公众来评估我向他们展示的照片上的人的危险性。有色人种几乎一贯被判定为危险的，甚至甘地也不例外，而原因只是人们无法轻松地从其年轻时的照片上认出他，于是就做出了同样的判断。

疲惫

自闭症患者比其他人更易感到疲惫，因为他们必须同时进行多项任务。对于就学的自闭症患儿来说，通常要上双课程或三门课程，他不仅要学习法语和数学，还要学习社交规则。他必须进行此类的学习，还要同时特别留意老师所说的内容，以及同学所做的事情。比如，社会准则要求，当有人进入我所在的房间时，我应该向他问好，然而在和对话者说话时，我不得不或多或少地花费一定的思考时间去注意房间里其他人的行为，一旦有动作，我就必须试着考虑，寻思这个人是否已经在这个房间里。如果他已经在房间里了，就不用再向他问好了。有很多事情必须一直特别留心，否则所犯的错误会比预期要多得多。戴高乐曾说过几句话，诸如：和我太太讨论事情要比三场部长会议还要让我筋疲力尽。当然，这是俏皮话。然而，我们能从中感受到，对一个自闭症患者而言社交会谈所体现的工作量（我并不想和戴高乐将军一样筋疲力尽）。

细节与整体

自闭症患者倾向于记住细节而不是整体。比如，就我而言，比起袜子的颜色，我更难记住一个人的脸。困难在于，对于大部分人来说，袜子的颜色会变化。因此，这算不上识别人的标准。

我经常会再次遇到认识的人，但我不知道这些人是否的确是我所认为的那些人或是与其相像的其他人……我必须采取一些策略。比如，超过他们时回头看一下，如果确实是认识的人，他们会向你问好，你还会让人私下觉得，你回头时没有看见他们。

对于细节，我倾向于记住特殊、少数、次要的案例。我小时候学习动词变位时，比起第一组规则动词的变位，我更易记住动词messeoir、choir和gésir的变位。通常，专注于细节更令人兴奋。

有时，为了开玩笑，有人说，夏洛克·福尔摩斯有一些自闭症的特点，因为他与其他警察和调查者的区别在于，他能立刻注意到小偷或凶手遗漏的微小细节，而其他人却从没想到过这点，恰恰是夏洛克·福尔摩斯立即注意到了。

当你对一个热衷于历史的年轻自闭症患者说话时，他经常会向你陈述各种类型的日期、数据、史实，但作为专业历史学家的工作其实更为综合，我曾长期以来试图学习综合，期间遇到了许多困难。如何用艺术手法撰写一篇作文？法语作文是由导言、正文和结论组成的普通文本，是许多美丽的句子。在这种类型的练习中，细节问题和严谨的实例要不就融入文本的整体，要不就避免。我承认这对我非常困难，我多少学会了点，但是对我而言这仍是一种稍显做作的方法。出于本能，我觉得史学家的风格更适合我，他们叙述故事，讲述日期、数据和人物的名字，还有，经常出入社科高等学院要求我做一定的预先准备。

思维的过于活跃和想法的流失

想法的快速连续产生会让人感受到一些情况下主题的突然变化。但是不应该由此而产生误解，我不认为自闭症患者在思维上会确实产生即兴主题的变化，连续性可能产生于思维的整体结构层面。如果我谈论古老的中世纪历史，紧接其后，没有任何过渡，我便谈起了关于卡拉·布鲁尼的化妆问题，这会令人想起主题的突然变化，但是可能我是希望借此做一个类比，强调一个意见或共同点，抑或两者之间的逻辑结构。

不幸的是，当一个自闭症患儿说话时，人们不会考虑这么多问题。人们迅速地做出了结论：孩子不知道自己在说什么，他从公鸡讲到驴子，但是房间里既没有公鸡也没有驴子（关于第二个动物有时我不那么确定，因为它的名字倒过来读更令人想起一所有名的高等专业学院[1]）。应该摆脱自闭症患者不知道自己在说什么这种想法。

1 驴子，法语为âne，倒过来就是ENA，指法国的国家行政学院。（译者注）

在我的个人经历中，有关我是否精神分裂的诊断持续了许多年，那时我从未正式被诊断为精神分裂，其中一个理由便是所谓的想法的流失。我认为“想法的流失”（Ideenflucht）这个概念源于一位知名的瑞士心理学家路德维奇·宾斯万格尔。我觉得这就是我的情况，对我而言，正如我曾向我的精神科医生所解释的那样，我的想法流失了，这是某种次要的证据或是某种迹象，它证明我可能得了精神分裂症。

有时人们说，自闭症患者无法在单一世界里生存，为了描述他们感受到的细节数量，以及令他们联想起的想法和感受，他们生活在一个“多维世界”中。

快速和迟缓

人们断言，自闭症患者很迟钝，在许多情况下的确如此。当人们要考虑所有需要考虑的因素时，实际上，作决定要花更多的时间。而当人们像我这样有选择困难症，那么就要花费更多的时间。

然而，自闭症患者对于他们所熟识的东西可能会反应很快。试试和患有自闭症的数学家比速度吧！此外，快速地做出决定很容易，正如那个有关司法权的著名例子所显示的，在独裁社会制度中，做出决定尤其快速。做出仓促的判断是很简单的，从中得出虚荣的动机也同样为时过早。

对于一个自闭症患者而言，通常做出一个决定首先需要考虑到所提问题或现有情况的方方面面。如果你要去旅行，你应该为旅行规划好每一步。你必须知道是否要在哪一天准备好行李，不仅要记住清单上需要带的东西，还要记住放进箱子里的顺序，这需要很多时间。然而这样做了，旅行就可能十分顺利。

就个人而言，我喜欢花更多的时间在自己的小活动上，但是我也会陷入其中无法自拔，于是我在街上的步行速度便会越来越快。什么事都不做的时光可能是最有趣的。在我有幸接触过的其他文化中，人们可能更倾向于这样的生活方式。在有些国家，当一张新面孔出现在电视屏幕上时，首先，他会做一句祷告，然后向听众问好，祝愿他们的家庭和事业，只有在这些结束之后，他才开始说自己的话，并为他假设的无知道歉。在西方，则会删减电台节目中类似上述在时间上的浪费。我们是否意识到，现在，2012年，在世界上有些被认为是落后的或是古老的国家中，当人们晚上打开收音机，在收听的高峰时段还有古典诗词的朗诵？在西方，我们利用分时段的广告，以此达到花费最少的时间获得最大的心理影响的目的。每个国家都有自己的文化特点。

心理缺陷

自闭症患者的心理缺陷问题由来已久，但是还没有得到足够的研究。这表现出，这些人可能和其他人一样，会受到这种障碍的困扰。然而，受到这种困扰的患者比率可能比几年前人们所说的要低，那时已知自闭症的唯一形式是与心理缺陷相联系的。人们确定，没有心理缺陷的自闭症患者占到0.01%，但实际情况并非如此。

自闭症可能伴随或不伴随心理障碍，就如同自闭症患者可能会有秃头症状、肾虚或其他人类可能有的特殊情况。两者之间的联系既不是自然而然产生的，也不是显而易见的。

人们如何评估自闭症患者的心理障碍？在有些智力测试中，我有很大的欠缺。如果你用一些被认为是简单的问题，一些属于幼儿园孩子的能力标准来评估我，我的分数会惨不忍睹。即使具备我现有的社交能力，也无法确保我能够升入小学初级阶段的学习。

对于卫生机构最近的推荐，我曾经感到很困惑。在关于自闭症情况的整个篇章中，其推荐的解决方案之一是做一些测试：评估，评分……似乎给予一个分数便能改变些什么。让我们来看看那些如今被认为成功了的自闭症患者，他们中有大学老师，有诺贝尔奖得主。很多时候，在他们童年时，人们认为他们完全是低能儿，有心理障碍。爱因斯坦的一位老师曾说过这样一句著名的话：不会有任何美好的事情发生在这个孩子身上。今天，每个人都尝试重提爱因斯坦来阐明自己的原因。那些曾拒绝梵高以画作交换一碗汤的人的子孙如今应该苦涩地咬着自己的手指呢吧。

当我小的时候，我在学校里听到过老师谈论我的心理弱点，说我没有成功的才能，以及从下周起失败便在等待着我诸如此类的话。三年级时有一位老师在全班面前说道："约瑟夫，低能儿没什么可感到羞耻的！如果你是低能儿，说出来。"而我那时是班里的第一名。当我在幼儿园大班的时候，动手能力上我有很大的欠缺，是班里最差的，我什么都不会做——不会系鞋带，不会画画，不会玩铁环，不会在课间休息时和同学吵架。我刚能走路时，上楼对我而言是十分复杂的。我记得那些夜晚，我的父母不说一句话，意识到我的成绩糟糕极了。结果事情在变化。有时不应该相信老师的智慧。有时，具有丰富职业经验的老师会推测，某个孩子将来是个差生，这可能会成为孩子的耻辱，或成了自动实现的预言。

记忆力

我和所有人一样，我会记住我感兴趣的东西，区别可能在于我和其他人感兴趣的东西不一样。当我读到一篇关于好莱坞演员夫妻的故事时，我无法记住他们的名字，但对于许多人，记住他们的名字是一种乐趣。相反，我更易记住某种迷人语言的一些语法点。我的记忆有起伏，总之十分平庸。我觉得，那些认为自闭症患者具有超凡记忆力的人知道这件事后会极其失望的。

我从未参加过能确实评估我记忆力的测试，此外我不认为真的存在能够达到这种程度的可靠测试。当我遇到具有其他文化背景的人时，即使是那些被认为是普通的人，对于他们所记住的文章数量我也感到着迷。得知印度人能够记住整本书，甚至标点符号，我绝对受到了惊吓。只是因为在这类文化中，存在着某种我们不再具备的学习形式。如今，人们无法记住电话号码，但是二三十年前，许多人能记住很多号码。

作为自闭症患者，为了在社会上有所作为，我们需要具备一些才能，而这些对于其他人而言并非是必要的。诸如对社会情况的推理、熟记的才能等。关于这点，对大部分人而言，直觉或本能的作用可能就足够了，而我们则更需要去构造一些东西。做一个也许不可靠的对比，行动有障碍的人需要轮椅，与此相比较，用两条腿走路可能显得平庸多了。同样的，为了和他人一样成功地完成任务，我们需要预先熟记社会情况来建构一个案例数据库，一些短句，甚至一些笑话，以便在适当的时候可重复使用。还必须拥有某种思考能力知道去哪个格子里翻找，该动用何种资源来摆脱困境。记忆力的运作在自闭症患者身上和那些非自闭症患者身上是一样的。让我们拿餐馆服务员来举个例子：起初，他们很难记住哪怕是很简单的菜单，有了一些经验之后，他们便能够毫无困难地记住许多菜单。

神童

对于媒体或大众有关患有自闭症的神童的老生常谈，我持怀疑态度。依我看，这是对此类人的某种粗暴的人道限制。人们可以接受某个孩子在电视上会进行令人难以置信的乘法，但是人们不会同意这种想法，即成人之后，他可以向往一种自主的生活，尽可能的正常；或者按照他的选择过反常的生活——成为其命运的主宰。

此外，必须清楚地意识到，在电视上播出的“马戏团的拿手好戏”（没有其他的说法）有时完全是假的。无论谁都可以用万年历来骗你：一周中的某天对应某个日期。这是只需学习算法的把戏，所有人或几乎所有人都能够做到。这被认为是证明患有自闭症小孩是神童的证据，但在道德层面上这是纯粹且简单的欺诈行为。

所谓非凡的能力，其中一部分是通过学习得来的，也可能是隐蔽的天赋。有些人在音乐方面很有天赋，但我不是这样的，如果你给我弹奏三个音符，五秒之后我也无法辨认出来。我打赌，如果来教我音乐，即使最具天赋的老师也会自杀。

我非常喜欢做这样一个对照。当人们学习古老的语言时，通常都会使用教材、字典和语法书，这些都是由19世纪那些“疯狂的学者”编撰的，尤其是德国人。这些人，在40年间，每天晚上在微弱的烛光下，写下我也不知道的古老语言中形态句法学的某个特征。他们的工作极其出色，有时近乎完美，无论如何都很难超越。但是人们可以对其由来提出问题：是否只有作者所忍受的取舍和艰苦才能解释这份杰出工作的由来？或者他们有天赋？是什么让一位伟大的作家具备编撰著作的能力？是因为他运用了在学校学习的语言基础知识？或者是因为某个人在深山独居了十年，以一种受虐狂的形式，成功地编撰出了著作？没人知道。幸运的是，人类能够保留其内在的本质及其本质上有趣的一面。

特殊的兴趣

当人们遇到一位自闭症患者时，通常首先令人印象深刻的是他具有某种所谓的特殊兴趣，也就是说他花费了大量的空闲时间专注于一个令其感兴趣的主题。这可能是收集19世纪俄产的电池，某种语法书，一些在社会上更易被接受的主题……一切都有可能。

父母有时会考虑，是否应该让自闭症患儿致力于这些在他们看来十分愚蠢，或毫无益处的兴趣。人们也可以换个角度来看待这个问题：你回到家后会干什么？有些人看电视，或听音乐……对他们而言这是必需的吗？人们回答是的。那么就应该理解，对于自闭症患儿或成人患者来说，特殊的兴趣也是有用的，对其人格塑造与心理平衡是必需的，这和其他人听音乐、看电影，或和朋友去游泳是一样的。人们有时很难理解这点，并认为听某个歌手的歌曲是一种社会可接受的娱乐方式，而在图书馆啃书本则被认为是一种脱离社会的、奇怪的、无用的娱乐方式。

在日本，掌握围棋是一种被认为在社会上十分有用的才能，甚至几乎是必需的；于是个人简历上会标明围棋水平……而在法国，许多人甚至不知道这是什么。可以假设，如果一个自闭症患儿热衷于这个游戏，他的父母会对他说：你玩这个做什么？你应该致力于一些更有趣的事情，去打网球吧……

这些特殊的兴趣有什么用呢？这不只是一些十分随意的怪念头——它们有助于人格的建立，以及建构起其作为人类的基础。几年之后，他们便能走向职业之路。如果一位年轻的自闭症患者热衷于计算机技术，他可能会成为计算机编程员。

这些特殊的兴趣同样可以有利于自闭症患者融入社会。正如我之前解释过的，自闭症患者往往对于自身有很糟糕的印象，因为所有人都对他们说并且重复提及，他们是多么的无用、愚蠢。如果大家都知道这个人在有些十分需要技术和复杂的领域里具有才能，那么这个事实便能改变局面："实际上他并不是如此愚蠢的！"如果你身边人的电脑坏了，如果你会修理，他们可能下一次还会求助于你，那么你就可能建立起第一个人际关系。我认为，特殊的兴趣不是敌人，远远不是敌人，而禁止或直接反对这种兴趣不是一个好的解决方法。

一些自闭症患儿的兴趣具有唯一性，但我的情况并非如此：我没有太多的兴趣，一些兴趣是轮流出现的，有时是重叠的。好处在于这使我能够发现许多领域；缺陷在于，我一无所精。童年时，正如我之前所说的，我曾经有一段时间确实很热衷于古埃及。我了解了许多有关30个朝代的法老历史。最近，在网上我碰巧看到关于埃及原始王朝时期的研究结果。我对此十分着迷，因为当我还是孩子时，我没有这些材料，我总是寻思在第一批法老创始人之前，这个国家是什么样子。为了获取这些材料，我的生活没少受打扰。在四分之一个世纪之后，当我发现这些材料时，不免受到了感情上的小小刺激。

不是这些一时的怪念头让自闭症患儿做这做那。这涉及其人格中的某种更为结构化的东西，它会持续整个一生。因此，有必要考虑这些特殊的爱好，以便让孩子在各层面上有良好的发展，随后这也有利于患有自闭症的成年人。

我还十分热衷于气象学，这是一个有趣的主题，因为这涉及一个具有许多技术知识的科学领域，极端多变，且具有丰富的多样性——天气永远不会是一样的，云层也从不会是一样的。最终，为了一个需要不断去探寻的现象，你可以借助于尤其复杂且迷人的数学模型。

我曾经也有过一段时间钟爱日本。不幸的是，我从未学习过日语。当时年纪太小了，也没有相应的选修课程。那个时期，我愿意与人交谈的唯一主题可能就是日本的历史、经济和社会学……可以说我没有找到和我年纪相仿的交谈者。如今，有了因特网，情况可能不同了。

刻板症

我更年轻时在许多方面有刻板症。如今可能少些了，我对此感到很高兴，但我却还想着要保留其中的一部分。几年前，我可以持续拍手长达几个小时，当我对面的那个人讲述一些有趣的事情时，我的动作便会加速。我没有意识到这可能会令我的对话者感到不舒服。我在家有时还会这么做，尽管比以前少些了。在公共场合，我尝试不动手，我自己留神着以免失去控制。对我而言，高兴得跳起来就是其字面的意义；关键在于不要在公共场合做这件事情，或是在深夜里，当楼下的邻居都已熟睡时。成人十分担心他人反馈回来的印象，但这些印象主要是一些社交指令，而且是微不足道的指令。成人学外语比孩子更困难，原因之一便是他们通常更在意他们了不起的“尊严”。当他们犯了错误，或是难以理解老师纠正他们的错误时，他们觉得自己是有过错的。孩子就不太会有这么多的顾虑，因此，他们学习起来就要容易得多。当看到成人的所作所为……我知道，孩子们也很残忍，但就恐怖和欺骗手段而言，我认为他们比成人好多了。

我花了很多时间在网上阅读报刊，一部分是出于职业需要[1]，同时也是因为兴趣。我有一个明显的刻板症：我倾向于循环查看有限的几个信息网站，而且总是按照同样的顺序。

然而，不应该相信自闭症患者有强迫症，而非自闭症患者就没有。非自闭症患者的强迫症只是自然而然发生，更易被社会接受。就这点而言，去观察他人是很有益的，比如在乘坐公共交通工具时，会观察到每个人都有自己的小动作……

1　参见第6章。

由工作电话的声响造成的恐惧

和邮件不同，电话需要即时的回复，这就要求你在思维上具有一定的灵敏性。你不能说：我做完要做的事之后再来回复你，不可以这样。此外，你必须具有另一种思维灵敏性，知道如何去回复，因为你不知道别人会对你说什么。在一家企业里，有多种类型的电话呼叫，从要给你送包裹的送货员，到不高兴的客户，还有公共服务、税务……都可能打电话来。而你必须即刻知道该怎么回复，让合适的人来接听电话，同时还要会管理自己的紧张情绪。举个典型的例子，当你在公司前台工作时，有时可能什么事情都没有。但是随后，在一些特定的时段，出于某些神秘的原因，所有人和所有的事情都同时需要你做出回应，而你没有权利不去履行你的职责。秘书（如今被称作经理助理）是一份责任重大的职业。但是，却很自然地没有受到公众的承认。

还有一些更不正确的事情：根据声音来辨认人。有一些人能够做得很好，比如我在市政府里的老板，我只能对这样的人表示钦佩。有时人们说，许多自闭症患者在辨识人脸方面有问题；我觉得，在声音方面，也存在同样的问题。

于是便产生了关于电话铃声的基本问题。如今，人们很少使用声音很响的铃声了，但是这些声响仍然令人十分紧张。

现在，多亏了因特网和电子邮件的普及，我因为职业需要而使用电话的场合越来越少了，甚至几乎从未再用过了。真是莫大的慰藉。我记得，几年前，这会让我病上好几个星期。

打电话

观察人们打电话是一个尤其具有教益的场景。他们语调中的一些细微现象显示出是正在说话的另一个人打断了他的对话者，或是对话快要结束了。

自闭症患者经常意识不到这些，从而造成可怕的误会。有时，当两位自闭症患者在通话时，会变得更糟，即使他们是谈论一些基本问题。没人知道何时该说话，如果出现沉默，是因为另一个人在等待答复，或是由于线路断了。

我很少打电话，我尝试过学习。就此，我注意过其他人，当他们打电话时，十分有规律地一边说着鸡毛蒜皮的小事，一边发出细微的声响，他们通常完全意识不到这些。因此，我也尝试做同样的事。即使当对方在长篇大论讲些我也不知道的什么主题，也不应该持续15到20秒保持完全的沉默；最好一直看着手表，并尝试时不时地发出一些声响。犹如人们感觉身处马戏团或集市，这似乎行得通。当然，打电话给自闭症患者时，最好不要这么做，因为声响会扰乱他，即便赞同也会产生同样的效果。也许人们经常要寻求他人的赞同，但对于自闭症患者而言，情况不完全是这样的。我总是很惊奇地看见许多政客多么依赖于这些表示赞同的动作，以及掌声的数量。我觉得，如果没有这些，他们就有点像吸毒者被夺走了毒品，他们会因为身处一种十分不利的境地而遭受痛苦，缺少来自于他人的欣赏，他们就无法度日。这可能有助于解释为什么政客有时会变成疯子。他们是如此有依赖性，以至于他们会突然拿出一笔荒唐的款项，比如为了资助某些协会的津贴，因为，一瞬间他们就收到了所需的“小剂量吗啡”。这值得思考。我不敢想象，一个由自闭症患者组成的政府会是怎样的。结局可能会很糟糕！

写电子邮件

使用电子邮件和使用电话完全相反。人们可以在想写的时候再写。可以在晚上回复，可以同时写几封邮件，可以在这里添加一个句子，然后在那里再添加一句。

对我而言，除了电子邮件所提供的技术上的便利之外，还存在一个可以说是感情的问题。回复某些信件对我而言很困难，即使，可能因为，这些信件太友善了。奉承的邮件令人生畏。当有人说“我十分喜欢您的讲座”，该怎么回复呢？我想，还是以后再回复吧。仅仅推迟撰写邮件只会增加心理压力，会很痛苦。这需要一定的努力。

写邮件需要了解多样化的用语。然而我的水平还差得远呢。有几年时间，我十分担心前言类的句子，不知与对话者用何种表达方式发邮件——可以用“您好”作为邮件的开头吗？我直到最近才开始这么做。应该写“先生（逗号）”，还是“亲爱的先生”（逗号）？在法国以外的地方使用法语时，在“先生”之前加上姓氏是很普遍的，比如“安德雷先生”，而在法国使用法语时，则不同；然而，当我在法国用法语写信给一位非法国人，我可以用这个表达方式吗？

该如何结束一封邮件？应该使用“此致……”这样的短语吗？我们面对的是一种持续的变化，这十分让人烦心。在一个时期，到处都流行“回见”这个用语。如今，我收到的邮件越来越多地使用“热情地”这个词。但是我从不使用“祝好”。我从来不喜欢这个词。如果我只是按照自己的喜好，我会一直使用传统信件中合乎礼节的句子——“……我虔心向阁下致以敬意，谦逊的、顺从的且忠诚的仆人”。总之，起初我曾写过一些类似的书信，我的通信人在一次论坛上把这些信件描述为风格哀婉动人。

为了简化这个任务，我曾采取模拟回复的策略：我给来信人回信，就如同他给我写信一样。如果他写道："亲爱的约瑟夫"，我也用同样的形式称呼他。如果他用"你"来称呼我，我也照做。这个策略并不完美，尤其对于那些女性来信者。我多次注意到，当有人在给我的信中使用"亲爱的约瑟夫"，而我在回复中也使用"亲爱的XYZ"，那么在之后的回信中就不会再有类似的称呼了，就像我做了件蠢事。这个问题十分棘手：我应该习惯（像来信者这么做）或者保持冷漠（使用十分正式的用语）？我不知道。

感情

一门十分古老的理论声称，自闭症患者没有感情生活，或者感情生活十分贫乏。曾经有人运用随便什么疗法来尝试在自闭症患者身上再现感情生活。我认为，这是极其严重的错误。

自闭症患者像其他人一样拥有感情生活，有些人甚至说：自闭症患者的感情比其他人更为丰富，对此我不敢断言。人们的感情能够以不同的方式来表达：有些人笑、哭、喊叫，而对于自闭症患者来说，情况则不同。由此，当自闭症患者不以同样的方式来表达情感时，其他人当然就觉得，面前的这个人无法感受到同样的情感。

就个人而言，我认为自己拥有十分丰富的感情生活。我可以感受多种情感，它们重叠或是同时并存。但是我可以不表达出来，或以其他方式来表达。经常和我接触的人比新来的人能更好地理解我的行为。当我遇到作为诗人的自闭症患者时，他们在文本中所体现出的丰富情感让我感到震惊。总之，当读到伟大作家、伟大画家的传记时，可以思考很多问题，因为人们再次发现了十分熟悉的要素。

第5章

我的毒瘾

是时候做一份沉重的招供了。我是“吸毒者”。这不是思维游戏，而是源于基本机制的错乱。当然，其所蕴含的最小组成部分不是维持秩序的负责人首先必会想到的——至少，为了确保事情的连贯性，最好这么说。连续的错乱同样严重，是类似的成瘾机制。

母校及其纪律

在1979年11月的一次采访中，多勒托解释，父亲的乱伦在女儿眼中被解读为爱的标志，鉴于时代背景的变迁，这种言论如今就成了恋童癖的丑闻。至于母亲的乱伦，不被公认为是精神病造成的后果。已经有人比我更好地指出了此类言论所蕴含的意义。鉴于此类言论在精神分析方面所具有的幽默潜质，此处我将仅限于提及其在象征层面上的意义。

大学通常是一个被逐渐遗忘的隐喻，被称做alma mater，即乳母（为了和“捕鼠器”[souricière]玩文字游戏，正在学习过程中或已有一定研究成果的精神分析学家会称大学为“奶妈”[nourricière]），而大学里的学生们则被比喻成了婴儿（英语保留了alumni这个说法，意思是以前的学生）。作为这位母亲的孩子，应该发生的已经发生了：我再次发现自己掉入了陷阱——乳白色的陷阱，十分美味，而且奇怪。因为一般来说，在利用陷阱的精确性来制服老鼠之前，人们用奶酪来吸引它，或是用一点不含面筋和乳糖的糖煮水果对付患有自闭症的老鼠；这种情况与结果完全相反，靠近是困难且费劲的。总之，如今我成了大学里永远的学生。有些人相信，这是另一种幼儿精神病。

作为永远的学生，生活中重要的时刻之一——可能就像刚开始，我一点都不懂博若莱的新酒——当然是阅读不同专业领域的大学介绍课程设置的刊物，这是我最喜欢的读物之一。每年，这些刊物确实会刊登一些实用信息，也会涉及一些其他相关的内容。商校的刊物页面十分引人注目，但是其中的内容却让学生感到饥渴和郁郁不乐。高等应用型学院的刊物，则相反，通常提议设置最令人陶醉的课程——解密古老的手稿，阅读著作，而正确念出这些著作的标题已经是一件壮举了。至于语言课程，我怀疑它的存在。刊物上还附有学生优惠券，由于持优惠券去食堂的人数很少超过十个，从而为其省下了许多额外负担。我对这些课程的爱好可能是出于一种反射现象，这些课程都处于社会边缘，就像我一样。我不知道。解释不重要，此外我觉得参加手稿解密工作室比去上某些公认为享有盛名的商校课程更令人兴奋。使我困惑的是，那些我经常向其阐述观点的人对此持相同意见，但却并不醉心于此。

比如，我还记得与一位年轻的德国老师一起解密昆兰手稿的时光。每次会议，我们都会一起研究在家里准备好的扫描文本摘录。在课上，他向我们展示了他如何对在我看来只是载体、是缺陷的东西或是彻底遗失的片段赋予意义。

数学与历史：如何变得文艺

如果撇开我童年时那些不是由学科组成的兴趣中心，从制造失败的气压计到默记澳大利亚动物名单，其中有两个领域可能具有结构性的作用——这个词令人发笑，因为结构性正是我非常缺少的——数学和历史。

多年来数学曾代表了我的职业志向。我甚至知道高中会考后该去注册哪所大学，我的材料早就准备好了。这可能是我最擅长的大学常见专业。我设想，在这个专业就读，自己就像一个音乐家，甚至不用想便能弹奏或创作一段乐曲，无需做出显著的努力。数学在社会关系方面同样没有什么要求：即使不怎么健谈，也能参与团队工作。我不愿意过分的一概而论，但却仍不得不这么说，许多数学好的学生所具备的社交能力是无法与政客相比拟的，因为他们所面对的压力更少。

此外，数学是一个十分多样化的领域，有各种分支，各种研究方式和方法论。比如拓扑学和代数之间的多样性，可能类似于汉语语言学和美国地理学之间的多样性。

从某些角度而言，历史可能表现得正相反。与其说陈述与时间无关的事实，倒不如说历史提及的是一些来来往往的事件。如果用其他可能令人不适的表达方式，可以说历史是基于半文学的语言，向所有的流派开放。我的父亲非常喜欢讲述十月革命的历史文献在他就学期间改变了多少次，他是如何经常用墨水弄脏教材中某人的脸，比如在上面写下“帝国主义侵略者的走狗”。因此，历史也可能被视做一种永恒的形式，一种对于过去记忆的维持，就像我孩提时的阅读，它使我的童年时光十分愉快。

此外，有一些比起其他教材不那么啰嗦的教材，它包含更多的资料、数字，有时还有照片。这些教材就是自闭症孩子的天堂。研究阿登纳的政策越是特别令人疲倦且无法理解，那么了解他的出生日期以及其他细节便越是具有吸引力。

历史带给了我许多东西，尤其在一般素养方面。我能够面对所谓的人类世界，有可能要部分归功于历史。对于日期、历史人物名录的兴趣逐渐难以察觉地让位于理论研究。当获知贝利亚或其他人被处决的日期，就能很快得知他是如何被处决的，随后是由谁处决的，是出于什么动机。比如，在阅读莫斯科的诉讼资料时，我发现了某种政治术语，可能是在一段时间以前仍被称为意识形态的一种运作模式。

当然，有些反对意见坚持认为集中营历史不适合孩子。与其热衷于某个仙女故事，不如阅读索尔仁尼琴的书，这个主意怎么样？仙女故事被认为不适合教堂侍童，因为这些故事无法表现出现实的残酷性。如果坏人可怕的一面能够在某种程度上使得孩子立即意识到整体的虚构特征就好了，但我不能肯定这在自闭症患儿身上是否行得通。此外，让孩子在安逸的环境中成长意味着在某个时候必然要与现实产生联系，长期看来这不是最佳选择。我思考我的父母如何能够向他们的孩子掩盖其处境的本质，他们在法国的流亡生活，或者更简单地说，为什么他们打电话回捷克时，在开始交流之前必须等待很长时间，为什么他们必须非常谨慎地说话，只要说错一个字线路就会被切断？历史可能首先是令人生畏的有关真相的一课。面对恐惧和截然相反的信息，挑战就在于不要屈从于犬儒主义和这种标志着众多政治流亡者的黑色乐观主义，尤其在1989年之后，当他们战斗的目的已经不复存在，他们如此憧憬的国家已不再欢迎他们。

书籍

数学和历史都有一个载体。小时候，搬运占用了我不少时间。当我不去上课时，我经常去图书馆。起初，是父母巨大的书库，随后便是市政图书馆。

我的探险历程可能十分生动，我自己都没有意识到这点。我会在图书馆的一角待上很长时间，因为那里不太喧嚣，通常是人少的区域，因为这些区域在其他读者看来没有意思。我会阅读同一区域或同一作者的所有书籍，一个区域接一个区域，一位作者接着一位作者，或是反复重读同一本书。

我对图书的消费量很大。每天2~4本。书籍被放在大容量的背包里来搬运，一个背在前面，另一个背在后面，其他背包有时拿在手里。用专业的术语来说，我既是"骡子"，又是用户。我的父母和图书馆成功进行了协商，以此使我的借阅量可以超过最高限额。同样还有初中的文献信息中心，是那里的图书馆员自己向我提出了建议——有人喜欢通常空无一人的文献信息中心，她应该对此感到高兴吧。她发觉我总是按时还书，因此图书馆一点都不担心。对我而言，这是一段美好的记忆。

对于任何毒物癖而言，都会经历一些痛苦的时刻。在感受到初中文献信息中心的快乐之前，我可以在低年级教室的一角享有那些可自由阅读的书籍，当然数量较为有限。当老师受不了了，便命令我重新坐到座位上去，有时我故意不听话，藏在桌子底下，我不止一次被抓住。一天，老师抓到了我，发现我藏起来的书是一本关于礼仪的教材。

简单与复杂

我的阅读主题，除了一些小故事之外，还触及一个更为普遍的问题，这个问题对于年轻自闭症患者的学业及个人前途不是没有影响的：简单与复杂。一般来说，所谓“常识”就是要求在过渡至复杂的学习之前，孩子的学习应从简单的学习开始。正是因为这个不成文的原则，我最终明白了，当我2年级的一位老师对我说：“乔瓦内克先生，既然会做复杂的事情，为什么还要做简单的？”他在嘲笑我。问题在于我不知道哪个是简单的，哪个是复杂的。甚至如今，在我看来，在报刊杂志中，没有比小报标题更难理解的了。相反，金融报刊，如《金融时报》就十分明白易懂，无论是喜欢或不喜欢的资料、数据，都能够理解。小报式的出版物会使用许多本义和转义上的暗示，阅读这类报刊首先需要认识许多人，扩大专业用语，读懂甚至是对于初学者而言稍显晦涩的语言，就像我总是看不太懂英国的《太阳报》的一些文章，然而该报被认为是针对大众的。在建议给自闭症患儿的备选阅读著作中，所有这些因素都值得思考。我认为，《白雪公主》对于成人而言更像是一部叙事作品，它具有表现形式的双重意义，孩子眼中那些流畅且吸引人的阅读物与我喜欢的阅读物有相同的特点。

于是我的童年便是由一些奇怪的阅读经历组成的。我还记得一些书名，如那本著名的关于霉菌的书，那些有关动物和技术的百科全书。还有一本书，可能是下文的伏笔——神经生物学专家让-皮埃尔·尚热的著作《神经元人》，这本书我在几年间借了两次，读的时候很用心——尽管随着时间的流逝，我变得越来越具批判性。

回顾以往，很难搞清楚书中我明白的以及不明白的，也许这并不是关键。如果只是去读那些我们完全懂得的东西，我们便不会再去读其他的书了。阅读中的某些困难对于人类的教育而言可能是十分必需的。

吞噬一切的图书馆和其他藏书处的危险

我和图书馆之间的故事说来话长。好几年间，去图书馆是我唯一可做的社会活动。直到今天，我仍然非常喜欢去图书馆，当然越来越多样化且有选择性。孩子和成人一样，我曾经拥有，现在也拥有各种图书馆的借阅证。当我的工作职责允许，我最快乐的时光之一，便是晚上去图书馆，因为晚上更安静。我极其赞成图书馆推迟关闭时间。有些国家的图书馆是一直开放的。晚上或是深夜，一般来说，那时图书馆里的音频水平几乎降至零。其出入率也同样如此。那种需要花点时间做些“有用”的事情的紧迫感，会消失或相对减少。我对图书馆的最好回忆就是当里面没人的时候，就像我记忆中最美好的两次飞行，当时飞机上几乎没人。有点像卡夫卡所思考的理想住所，我有时曾考虑过理想的图书馆，它的位置，对图书的选择，书架的外形……后来，我明白了，没有这样的图书馆，但观察现存的图书馆，我确信，与其理念相关的因素会影响人们在阅读中获取的东西。我曾参观过世界各地的一些图书馆，隐秘的文化因素对图书馆总体观念的影响让我印象深刻，比如多少本书可直接或间接借阅，如何分类作品，等等。

书籍分类是被自闭症专家忽略的一个主题，但它能使人明白一些事情。有人向我转述，但是我没有关于这个引述的确切引文，卡尔·波普尔理解个性与排列之间的深层联系，他说过一个能显示其特征的俏皮话，即知识分子就是那种不会整理书籍的人。我曾与成人自闭症患者讨论他们如何整理书籍。和预料的一样，他们有自己的分类方法，看似普通，比如根据出版日期，这不是经典的模式，但总之有其逻辑性，尤其当人们对音乐史或思想史感兴趣的时候。

对我而言，我不分类，我忍受着令我无法应付的堆积。然而，由于没钱，我很少买书；别人给我的书足以占领我的生存空间了。当书堆超过一定的高度时，就无法使用了。我的一位朋友担心被堆积如山的书籍压死——比如字典。我父母的一位朋友，如今已去世，显然深受自闭症之苦，他积累了许多书放在浴缸里，甚至都造成了地陷，最终所有的收藏都给了楼下的邻居。我记得在杜梅齐勒的晚年访谈中，这位腼腆的语言学家很少谈论自己，访谈中他叙述了自己因为不能再次触及其“珍本收藏家”的书籍而感到悲伤，整个家都弥漫在这种崩溃的痛苦氛围中。最后，有一个可能最悲剧性的案例，一位患有自闭症的研究员，我认识他的亲戚，他租了七套大公寓来存放他的书和手稿，最终导致了他家破产，两年前他自杀了。

除了书籍分类，还有在书架间闲逛的方式。童年时，通常来说，图书馆里人流最多的区域，比如磁带区，还有CD区，我是不会去的，直到现在也如此。相反，我能很快找到我当时感兴趣的主题的书所在的书架或书柜。我倾向于读那些排过序的作品，比如按照字母排序。我可以从书架的任意一边开始，然后一下子借六本书，在家里读完，然后再借六本。或者我可以从一排中最厚的一本书开始，随后一直到最薄的书。我最喜爱的是，在每年同一时期借阅的书籍。不幸或幸运的是，我的记忆对于运作的确切顺序流程不再像以前那么清晰了。但我主要还是以主题为重：当我对昆虫或飞蛾感兴趣时，如果一排中有一本书不是关于这个主题的，我是不会读这本书的。

回到书本

为什么人们喜爱书籍？不只是为了书中的内容。总之，出版社出版一系列的书籍，其使命不是为了被阅读。比如，我很好奇在爱尔兰机场有多少本詹姆斯·乔伊斯的书在出售后被真正阅读过。至少对我而言，还有许多其他的因素会影响我对一部作品的评价，比如纸张、颜色、质地，尤其是味道。我无法认真地读一本闻不到味道的书。有人向我解释，不该在公共场合这么做，于是我便尝试偷偷地做。我很快就会忘记书名和作者，但是我却记得住味道，纸张的质地，切割的方式，切割是否完全笔直或者是否有一些小凹凸，封面是什么颜色，等等。这些东西是真正可识别的标记，在我眼中它们建立了书籍的身份，比作者的名字更为重要。

总之，直到年纪稍大一些后，我认为书籍没有人类作者，它们是自然的材料，书籍就像石头和河流。我无法理解一个人在某个特定的时间书写一部作品这件事。

书可以提供能量，让思想恢复原位，以此来尝试社交互动。这可能不是书籍的指定目的，也不是读者永久的困扰，但是这可以增加阅读的吸引力。让我们设想一下，你喜欢吃覆盆子，这并不意味着除此之外你就没有任何社交互动。对于自闭症患者来说，情况是一样的：我们可以喜欢图书馆，也可以和朋友有一些交往——至少，我这么希望。与人们的想法正相反，阅读能够让我具备发现他人的能力。甚至且尤其像我这样，表面上什么书都读，也不管是什么类型的书，因为阅读比其他事情更能拓展眼界；当然，就社交而言，通过训练可以去一家舞厅，与读一本满是灰尘且作者已被人遗忘的书相比，前者显得更为有效，但后者就长期而言会更有作用。比如，你不会搞错某个国家的首都，或是不会弄错“先生”和“阁下”的用法，也不会在应该说“上校”的时候说成“我的上校”。

儒勒·凡尔纳笔下的人物几乎都有些疯癫。当然，是出于褒义，至少大部分人物是这样的。即使算不上世外桃源，儒勒·凡尔纳所拥有的也算是一个十分特殊的世界，充满科学理念的世界，在这个世界里女性几乎完全缺席。这个特点没能使他的作品成为十分适合交际互动的工具，至少第一次看来是这样的。然而，它们在我眼中有不同的意义。凡尔纳的许多书都令我印象深刻，我读了一遍又一遍，读过不同的译本；我乐于看到译者如何或多或少躲避障碍，如何尝试在一个不同的世界里重建与其母语相应的文化参照物。

我不能说，自己把这些书从第一页到最后一页都记住了，但是有一些章节经常会整段地出现在我的脑海中。对我而言，《地心游记》是一段游走于词汇之间的旅行。我寻思：为什么儒勒·凡尔纳在一个特定的时刻使用分号，而不是其他标点符号。我可以花上几个小时纠结于一个句子。我是在浪费时间吗？可能，何况我完全忘记了当时的那些想法。但愿那种更会享用童年时光的人能让我回想起当初的场景。尽管这种情况很少，但这么做很幸福，就计算而言，童年的活动具有一定的益处。甚至凡尔纳这个十分依恋女性魅力的放荡者，最终很后悔没有充分利用他的婴幼儿状态。国际象棋和游戏培养了人类。

从凡尔纳到卡夫卡

在生活中，我真正看过的科幻作品只涉及两位作家，首先是凡尔纳，之后便是卡夫卡。当然还有一些其他的作家，但是我从未花同样的时间去阅读这些作家的作品，就其他人所有作品而言，确切地说我的阅读只停留在抽样的水平。

儒勒·凡尔纳对我来说有一种关键的吸引力：既是小说家又是科幻作家，他的第二个身份让我接受了他的第一个身份，因为很多年来我没有发觉阅读非真实的小说有何用处，即科幻小说。儒勒·凡尔纳在作品中旅行，破译密码，经历事件，这些内容在大部分情况下是源自作者额外具有的一种绝对非凡的才能，即描绘有时他从未亲历过的风景、场所，其实他本人在生活中很少旅行。

总之，凡尔纳曾是陪伴我度过童年的作家，其间学习阅读、学习法语、学习规则，当然他的作品有些古板——这是作者身处的时代所决定的——但尽管如此仍十分具有社交性。

与卡夫卡的相遇可追溯到12年前。当时，他是我赞同的少数几个作家之一。赞同并不意味着我和他有某些共同的政治或哲学见解，很难在他的作品中找到这些。但是，他所描述的世界，以及他所身处的世界，与我的世界以同样的方式颤抖着。卡夫卡不是会让人喜欢他的一部作品而不喜欢另一部的作家，尽管他的作品具有一种强烈的物化感（纸张，散乱的手稿，等等），但一切都是有关联的。

我的阅读从《城堡》开始。第一次读时，我没有完全看懂，现在回想起来，似乎不应该先读这部作品。随后，他的散文和短篇小说令我赞叹，这些作品都是所谓的应时之作，我是从字面意义上来理解这个短语的：符合我所处情况的作品。“Ein Bericht für eine Akademie”令我尤其印象深刻。我无法给出这部作品确切的法语译文，除了可能不太合适的字面翻译：《致科学院的报告》。故事是关于一只猴子的，它出现在科学院里，它的演讲是这样开始的（我意译成）：“尊贵的科学院老爷！我有幸应您之邀来讲述我作为猴子的生活……”随后，《老光棍布鲁姆·费德》也让我很感动，在几个月的时间里我反复读了几遍。故事围绕了这样一种现象：在主人公布鲁姆·费德的房间里，有两个球在反弹。这是一件令人震惊的事情，但是，正如卡夫卡世界中的其他古怪事情一样，这并没有引起特别的惊奇。它们只是需要考虑的参数，仅此而已。总之，最反常的不是反弹起来的球，而是生活中所有其他的部分。直到后来我才读了《变形记》。我应该从这本书开始阅读卡夫卡，因为这个故事让人想起我曾经的处境，或我的境遇将会变成什么样。最后，在卡夫卡的作品中，我发现了一个与我相似的世界，但我却并不了解这个世界，那是一个古老中欧的世界，它永远消失了。

语言学习的初始阶段

当然，可能没有人能料想到我会对语言产生兴趣。此外，我一直无法理解语言学理论的著作。有人对我说，我不是唯一的，这对我是微不足道的安慰。我是否有这种被称为受自然范畴影响而形成能掌握多语言现象的能力？有点像突尼斯、卢森堡、塔林和其他撒马尔罕的居民，这些地区的居民甚至没有任何语言方面的特殊嗜好，却在无意识中掌握了几门语言。这难道是一种实用能力，即为了解密那些被认为与我专业领域相关的文本和手稿？精通东方围垦地区古老语言的双愿式变位，就是患有自闭症的语言学家的能力？总之，语言对我而言没什么确切的用处。如果不是这样，我可能很快就对它厌倦了。

我学习语言的时间很长。其中能起到引导作用且在我看来是一种心理参考的语言，便是德语。除了母语捷克语，以及在学校学习的法语，德语是我学习的第一门外语，但我从未使用过系统的学习方法。德语是我所面对的且沉浸其中的第一个相异性语言。可能语言学习在某个时刻无意识地将我交给了德语，或是将我置于我曾经历的与德语相联系的情景中。

其实，我不知道是在何时，如何学会了这门语言，可能是在学校，但是我不知道为什么；我在课程方面有些超前，所以没有意识到这点；可能是在瑞士的悠长假期中，尽管我没有和任何与这门语言或其他语言相关的人有过接触；或者可能是之后在德国的学习，但这不能说明一切。

在学校，我曾有机会很早开始学习德语，那是小学的时候。我一直记得有一天老师来了，看上去有些惊慌，对着可能什么都不懂的孩子们重复说道，前一天晚上墙倒了。当时，过早开始语言学习在法国不是那么流行。我看见德语课堂教材的最后几页，课文变得有些长，我很高兴地念了起来，在其他方面我很少有这种嗜好。所以我在六七岁时应该有了一些语言的概念。总之，我认为自己具有一定的语言心理表现，拥有能更好地与德语所要求的相契合的一种机制，比如德语与空间的联系，或是它的句法。

德语同样也有一些我无法料想的方面。我不知道，德语虽说不上是人造的，但其实是一门图形语言，总之，无论孩子或成人，以前几乎没有人说德语。因此，有一个著名的笑话，即认为在德国可从举止辨认出外国人——只有他们能非常标准地说这门语言。在我眼里，只有一个人在努力正确地说这门语言，他是一位出色的老师，还是伯爵；他说话很慢，很少发音模糊，等待结尾的那一刻是一种乐趣，在快要结束时，积累起来的动词在完美无缺的变位后将被置于合适的位置，有点像在一个长系列公式结束后，数学系的学生开始运行一些机制，这些机制突然奇迹般地给出了完美答案。另一个精通宗教礼仪的法语老师，他提及了一个令人困惑的现象，这个现象在我还是孩子时就注意到了：为什么在神圣礼拜仪式上运用一种不仅极其正式的且稍带古体用法的德语会在情感上产生这样的效应？而与用法语进行的礼拜仪式就有所不同。这太神秘了。如果这门语言不具备梵文句法和语法不同寻常的复杂性，它就不能在几千年以来成为一门神圣的语言。我实在无法理解这点。

直到后来我才发现了德语的另一面，即其历史的一面。把德语简单地归于源自德国，是一个很大的错误。作为现今建立的国家，德国与德语语言文化之间只存在极微弱的关系。在阅读某些消失的中欧古老文本时，我很少感受到这样一种感情，那时的德语把灵魂奉献给了整个思想生活。同样的，当一天晚上，在一段长时间的旅途后，我来到了玫瑰广场，这是位于特兰西瓦尼亚地区特尔古穆列什的一座古老广场，尽管经历了可怕历史中黑暗的十多年，我仍然探寻到了那已失落的过去的痕迹，匈牙利语和德语便是其与世人共享的财富。

多样化

英语学习是稍后的事情。小学4年级时我才开始上英语课，一周只有一两次。初中和高中一样，我一点也不重视这门语言。

真正的英语学习源自一个边缘现象：我的父母买了第一台电脑，是一个不常见的品牌，说明书是用英语写的。我开始看说明书，刚开始时很难理解。

英语的特点在于，英语中的许多词汇与法语或德语相近，即使没有正式地上过英语课，如果会德语或法语，就可以大致明白文本的内容，尤其是关于科技方面的内容。

随后，我开始了古希腊语的学习时期。我学的时间不长，但也花了一两个暑假完全专注于这门语言。唉，我从未在有创造性的事情上做出过努力。可能有一天我会去上一些更为正式的课程。可能我是个十分反常的人，因为如今并不是古希腊语吸引我，而是拜占庭时期的希腊语吸引我，两者之间的差异是十分迷人的。

希腊语在我看来的确比拉丁语更具吸引力，我从未对拉丁语有过好感，直到很久之后，我才对中世纪末的拉丁语产生了兴趣，它的确有其有趣的一面，总是与我念念不忘的书籍有关，比如《愚人船》——中世纪末期或文艺复兴时期的这些作品在原稿中会使用拉丁语或其他语言，但这没什么关系，它们都有一个十分特别的标记，我把它看做一种类型的拉丁语。这些不同的文本十分特别，其中的拉丁语有些奇怪，它与各类语言混淆在一起，总是处于极致的严肃和低级趣味之间，总之回溯这几个世纪，这两种情况时常被颠倒。除了上述这个时期，拉丁语总让我有些反感：我感觉像是面对着一块冰冷的大理石板，无法燃起热情。但我还是尝试了。我觉得希腊语语法的强度、书写的形式甚至字母都十分有趣，有一些更为热情、更为丰富的东西。很久之后，我遇到了一些人，他们赞同我对事物的观点，因此不是只有我一个人有这样的想法。

巴黎东方语言文化学院

随后，我便进入了低潮期。神经元的运作脱离了轨道，有点像著名的《愚人船》的现代化版本，它既不前进也不后退，而是陷入了泥潭。可以说，使我重回轨道的是一种不寻常的心理疗法。当时因特网在法国得到了飞速的发展，特别是当时有一个用十分简陋的手段制作的网站让我感到惊讶：巴黎东方语言文化学院的网页，那时还被称作“东方语言”(Langues O)——让我觉得有些不舒服的一个称呼，因为Inalco这个缩写听起来更讨人喜欢，而且“东方语言”(Langues O)中的“O”要求大写，有点像某些盖尔人的姓氏，尽管这些语言本应没有理由的被巴黎东方语言文化学院排除在外。无论如何，这个网站，可能是由于其技术缺陷，所以才呈现出简陋的外貌，但我还是很喜欢。我经常浏览这个网站，反复看上面的一些文章，查看推荐的语言列表，一个想法便在我脑中慢慢地生根发芽了。

我肯定，一段时间之后，我会这么做的，但是我不知道从哪门语言开始。起初，我对自己没什么信心，我打算申请免修，以便花一年时间重新加强捷克语。随后，我寻思，这不能让我学到足够多的东西，然而我需要学习。由于无法去旅行——那时，穿过大街对我来说已经算是一周中的冒险了——于是我打算进行精神上的旅行。

开学的日子近了，也到了注册的时间了，我对自己说：“我要去注册！”在坐地铁去学校的路上，我反复思索着之前拟定的语言学习清单。

当时我还在服用一些药片，我的社交能力也十分有限。在去学校的路上，我脑中有四门语言：阿拉伯语，希伯来语，中文和日文。当我来到巴黎里尔大街的学校大楼前，我感到很紧张，浑身直打哆嗦，说话结结巴巴，我排在长长的等候队伍中。最后总算轮到我来到分发注册材料的学生面前。

我一拿到注册表，就逃走了。在几个小时内我感到很混乱。故事开头总是一段新的冒险。

读者朋友，我必须忏悔。无论愿意与否，我又重新开始接受精神分析治疗。我在几年之后才明白了这些事情，即里尔大街——巴黎东方语言文化学院搬迁之前的所在地，大约就在著名的拉康诊所门口的对面。那儿总有一个隐蔽的牌子，我知道的不多。这次通晓多种语言就如同身患十分严重的精神分裂症，精神病院照常监视着我。每年去缴纳注册费用或再注册的费用，这几乎成了我们去巴黎东方语言文化学院的唯一理由，有钱便能继续就学。关于语言的闲话该结束了。

从那时起，直到今天，我一直都待在巴黎东方语言文化学院。

到了我上第一节课的时候，我完全不知道什么在等待着我。这次我只是发誓尽我所能和班里所有人或几乎所有人有交往。同时我也接受会受骗的可能性，即巴黎东方语言文化学院并不适合我，我无法在那里待下去，我的怪念头事实上比我所承认的更具精神病特征。

现实中的课程完全是另一回事。学校有一套很好的运作机制。我完全被接受了，我没有预料到会这样。在最初的课程中，我存在明显的不足，由于我的同学——我终于能够运用这个词的确切意义了——已经有了一些概念，即使不是语言学方面的，至少也是文化方面的。但是总体来说，我们都是初学者，要一起进行美妙的探索。课程十分密集，每周至少有15小时的课，此外还得在家花上同样多的时间做练习。我度过了许多美好的时光，每天晚上最后一节课结束后，我都觉得那些小神经元重新复位了。

几年之后，我开始尝试选修课，通常我会选择最有趣的课程。由此，我再一次滑向了边缘学科。有很多给我印象深刻的老师，研究古老中世纪的专家丹尼尔·博迪便是其中之一，我并不赞同他所有有关政治及公共卫生的论题，尤其是关于巧克力在年末体重增加中的作用。在他的课上，乌加里特语、赫梯语和其他古阿拉米语不再遥不可及。为了更好地工作，他还十分关注心理学著作。之后，我听到许多有关他古怪的传言，包括在其他大洲的一些大学里的流言；而我却认为这是一种赞美。他的课程毫无用处，所以我便充满热情地去上了他的课。

因此，慢慢地，随着学习的深入，我的学习欲望也在不断增加，我开始去其他地方觅食。在巴黎东方语言文化学院，不缺少诱惑。或者确切地说，在那些古老的建筑物里不缺乏诱惑，几十年的使用给了这些场所十分特别的特点。比如，在走廊里会遇到讲各种语言的学生。当搜寻垃圾箱时，就像我有时会象征性地这么做，里面都是些差不多的东西：某天有人在复印机里留下了普什图语导论课的开始几页，这是一门主要在阿富汗地区讲的语言，在巴基斯坦也有运用。之后，在去上一门关于非洲宗教课时，我曾在上课的那栋楼宇里探险——经过考虑，我觉得它可能是环境最讨人喜欢的一栋建筑物——在走廊里张贴出的时刻表上，我看到了阿姆哈拉语，这是埃塞俄比亚的现代语言之一。我立刻知道，有一天我会去尝试一下。一年半之后，这件事便已完成了。

又过了一段时间——这可能是不正常的——我开始了阿塞拜疆语和埃塞俄比亚语的课程。

我不是语言学家，从未学习过语言学。我对语言感兴趣，主要是为了能够获得一些古老的文献，尤其是中世纪时期的文献。这并不排斥某些小差异，或者像古典梵文这样的某些次要发现。我继续学习语言，我能遇到一些不寻常的老师，一些研究古典梵文语法的专家。这些都是活生生的经验啊！但不幸的是，这些是汇集学生最少的但其实是最有意思的课程。英语系人满为患，相比之下这些非典型的课程则门可罗雀。这也有好处，这些课程几乎成了私人课程。因此，我一直是永远的学生。

不管怎样，巴黎东方语言文化学院还有一些志同道合者。其一是巴黎三大的梵文课程，是法国在这方面建立的唯一的大学课程，我已经开始学习了。另一个是巴黎天主教大学的古埃塞俄比亚语或吉兹语。清单上的语言类别还有许多。此外，我觉得无法在心里设想在某个特定时间我所学习过的大学课程的完整名单。然而，如果人们没有意识到自己在学习一门语言，或知晓一门语言，那么轻易地承认学习一门语言，甚至假设会说这门语言，这种行为是反常的。这是国王著名的经典形象，他每天12小时忙于履行职责，其余的时间在睡梦中设想成为勤杂工，而后者则每天精疲力竭花12小时在工作上，其余的时间在睡梦中幻想成为国王，可以重组一下这个经典形象：无意识中什么都学了一点的学生，以及什么都没做却显得十分淡定的家伙……每个人都能充实这个形象。如果后者不作为似乎应受责备，前者的活动可能会使人们引领他至一个合理的场所，即之前所说的精神病院。

再次被排斥

仙女故事的结尾通常呈现出一种陈旧的模式，这种模式被视为其表现出了幸福。对此类模式的普遍批评不应该让人忘记这类故事有其必要性，当然是要用不同的方式来呈现，叙事便这样幸存了。尽管有些反例，一个关于树林中睡美人的故事，她最终未能找到她的王子，这个故事不大令人感兴趣。因此，对我而言，提及可能再次被排斥不是一件受欢迎的事情。可能后者首先反映了个人阴暗的预感，既诱人又无理。另一方面，期待我的“毒瘾”最终会有怎样的出路呢？不考虑进程在总体现实中存在的重大问题，有两个机制在我看来应该被提及。一个很明显，另一个则不引人注目，但是更恶劣。

最明显的是我很难对自身做出定义，而且比以往更加困难。有人会断言，这具有积极的意义。在文学层面上，可能是这样的。然而，每次我要回答这个问题时，即“我平时做些什么”，面对这个无恶意的、常规的，甚至可以说是友善的问题，我总是感到措手不及。我可以借助于某种幽默的形式来转移话题。面对由正式表格提出的同样问题，我所采取的态度不是显而易见的，或至少我没能跨越这个障碍。当有人要求我在正式场合诚实地回答这个问题时，只允许有一个答案——那时有很多可能的答案浮现在我的脑中——我只能觉得自己使用了欺骗手段。

不是只有非常正式的场合才需要填写材料。让我们再来看看语言的情况。这样的学习会把我带向哪里？我无法给出一个严密的解释，我只能给出一张自传式的清单，上面列着我在某段时期学过的语言名称。随着语言的种类越来越多，我把这张单子藏了起来。几天前，在一堂公开课上，一位老师问道，有谁知道这里的一些语言，即中亚的语言。轮到我了，我说了一门语言的名字。课后，按照习惯，我和这位老师进行了一些讨论，他最终明白我还懂其他的语言。他非常惊奇地说道：“为什么没说出来？这并不可耻……”我不知道该怎么回答。之后过了一会儿，不出所料他回来了，并问我为什么要学习这些语言。我再一次感到为难。尽管如此，我还是部分遵守了我谨慎小心的原则，没有详述整个名单。

另一个类似的情况涉及我的博士论文，学习的潜在危险性从中显现了出来。撇开药物问题不谈，从纪律的观点来看，如果我读博士的那几年能以一种相对传统的方法作为开始，我的语言品味可能会迅速为我的论文提供养料，它会让论文产生出乎意料的转折，会让我多次感受到或产生错觉以为自己已经明白了一些事情。这种做法有时还会让我的论文导师感到高兴。而语言品味对我的其他影响是搞砸了我的论文。2009年我进行了论文答辩。此后我再也没有打开过或翻阅过论文，我也没有着手尝试出版论文。有些人坚持让我把论文的原稿用电子邮件发给他们：我没有这么做。这些人只是出于好奇，这既是在要阴谋，又让人觉得好笑，这样，我便不能说出实际上我的博士论文属于哪个学科。那些年间我在一家德语研究中心工作，但我并不是学术意义上的德语语言学家。我对歌德或席勒一无所知。迫于需要，有时我自称哲学家，关于哲学，我比较理解的可能只有虚无。可以在一门完全不懂的学科中获得博士学位，这个事实可能就个人培训而言是有意义的；它也可能是一个迹象，表明现实有时比疯子的谵妄更疯狂；对事情的具体后果而言，它首先是毁灭性的。

学科问题，同样也是简单的称谓问题。我的博士论文，有正式的题目和非正式的题目。第一个被认为是最为严肃的，最“真实的”。然而，我应该承认，在我要去打印几份电子版论文给答辩评审委员会的前夜，我发现我的论文没有主题，也没有题目。那时我十分紧张，已经是深夜了，我必须想出一个响亮的题目。我不知道是否其他人也会同样巧妙地掩盖这个不足，或是否他们做了认真且系统的研究。至于之前提及的非正式题目（是真实的吗？），我忽略了；一般来说，当有人盯着我问问题的时候，我会编一个多少像那么回事的题目，它与这些年论文写作中的模糊记忆有着一定的联系。

就社会需求而言，除了这些不确定且未知的问题，我认为，我在语言学习方面的尝试使用了不那么明显的第二种排除机制。我开始觉得，挫折和无知似乎是人类生活和社会生活中主要且必需的组成部分。当然，有一些阐述这方面内容的哲学体系。验证这些对我而言更加艰难。知识令人受拘束。我的活动之一——我不敢说是消遣，确切地说是一种困扰——就是对运用不同语言刊登于报刊上的文章进行比较；在此过程中，这些文章利用材料来充实内容，但有一些因素在报纸排版时被不知不觉地去除掉了。如此多的省略对于文章新版本的文化接受运作是必不可少的。一个类似的机制在宗教上也能观察到：基督徒赋予耶稣的句子也会在别处被用于佛祖、犹太教教士和伊斯兰教什叶派教长，我知道什么？在任何情况下都不应该做的事情，就是做这些笔录。在学术领域，使用“跨学科性”、“横向性”、“国际杰出性”，有点像我父母那时人们谈论的“和平”以及“社会主义”。有些比较是可能的，比如，人们最终容许把《圣经》和古老中东地区的一些文献作比较。但是更多或更深入的研究是不被允许的。你会被视做不正经的人，你的经费会被切断。再来举个例子，其实对于法国式的高级官员培训，我经常思索的不仅仅是他们应该知道的，以及合作惯例所假设证实的，还有他们必须无视的东西。在这一点上，他们的培训场所担任着一项工作，仅这一次对于此项工作可以拥有充足的信心。

总之，“毒瘾”，可能是一种过于强烈、过于孤立的经历，它严重妨碍了社会化。福柯，他号召去寻找最健康的毒品——它给予人最大的快乐，最小的副作用——如今这种号召会成为丑闻，会使他有牢狱之灾，福柯可能意识到了，毒瘾的主要问题不在于分子的某些化学属性。有毒瘾的人，为了可以继续吸毒，必须看上去没有毒瘾。

当我要告别我的博士论文导师时，在我们最后一次见面之后，如果说我有些感动，是因为我觉得自己明白了，我所面对的这位老先生再一次尝试用谨慎的暗示来让我懂得，他同样游戏了漫长的一生。

第6章

人是唯一的财富：朋友和工作

自闭症患者的兴趣点是否总是“不实用”，换句话说，自闭症患者的兴趣点不能解决任何问题，就像某个讲演人曾断言的那样？我对这些绝对是一无所知。我的成长是一条缓慢前进的道路，就某种程度而言，它让我纠正了一些错误，并且找到了朋友，随后又找到了工作。

然而，就像每个人所了解的那样，多亏了一些人的好意和偶然的相遇，在这个进程中我会同时产生一些习惯性的方法。在一个可以说是“按照传统方式运作”的运行系统中，人们的直接认知胜于社会影响。

有关方法的演讲：从犯错到被扇耳光，随后是反击

年轻自闭症患者的社会学习是伴随着痛苦的。此外，所有稍显边缘化的社会团体，也会经历同样的过程，比如一般的移民或残疾人。明白地讲，当我在社交场合做了一件蠢事时，这件蠢事最终都转换成了一记耳光，这既是抽象意义上的，经常也是很实在的，每当遇到这种情况，

我总能判定出那些需要记住的事情。

总之，社交见习十分类似于外语学习，经过一次次的学习，你学会了一些词汇；你不需要计划，比如，今天学习保养产品的词汇，明天学动物园里动物的词汇……语言学习的进程完全是另一回事。这样，让我们设想一下，我在大街上迷路了，我意识到自己不知道该怎么问我的旅店在哪里。一个小时徒劳的寻找和焦虑之后，我终于找到了旅店，可能以后我会青睐那些口语类教材，并记住必要的惯用语。在口语运用中，除非是我自身的错误，我在使用语法方面是很随意的。

在我的日常生活中，做蠢事和被扇耳光是很常见的，再说这些也毫无益处，因此我一直处于潜在的学习过程中。久而久之，我也知道了怎么从中得益。于是，在小学上课之初，通常越少重犯我作为学生所做的蠢事，我越是认为自己慢慢学会该怎么做了。举个例子，是我对老师做过的最傻的蠢事之一。在二年级的法语课上，老师已经讲解了一篇既定的课文，在下课前几分钟，她询问我们的意见，或者说询问我们的评价，可是她忘了明确上述的评价应该针对课堂上讲解的课文，还是针对她的教学方法；我理解成了后者，我举起手，完全没有感觉到发言评论她的教学方法不合适，我说道，听课时遇到的主要困难在于老师没有很好地组织课程，缺乏结构性。老师对此没有反应。课后，在其他学生都离开之后，只有我和她在教室里——由于我笨手笨脚，收拾东西花了我更多的时间——她释放了自己的情绪，理所应当地训斥了我。于是我明白了不该说这类话。

这唤起了我的一些思考。在相同的情况下，人们有时说，在说话前应该把舌头在嘴里绕上七圈，或者其他类似的话。言下之意就是，伤人的话来自一时的情绪，如果能稍稍延迟这种情绪的话，它可能在之后会被平复，被理性抑制。然而，在年轻自闭症患者伤人的话语中，我不认为这样的延迟会起到足够的防护作用，因为说话者一般既没有伤人的意愿，也没有意识到言语伤害的问题。

接着我必须重塑场景，回想发生过的糟糕事件。这对我造成了很大的压力，但是在社交方面却是有益的。对那位老师而言，更为痛苦的应该是那句伤人的话以一种非常自然的口吻说出来，而且是来自教室的第一排；这应该比差生在教室后排辱骂喊叫要更糟糕，她必然受到了伤害。这是十分艰难的时刻，但多亏了这些经历我才能学到东西。

有时，我们会经历一些更为复杂的情况。社交耳光可能更隐蔽，不那么明显，或者并没有直接紧随着刚刚犯下的明显错误。举例：有一次，期末的时候，巴黎政治学院的一位同学问我："约瑟夫，为什么你不留意女孩？"我没有回答，出自本能地去回应意料之外的情况会变得非常糟糕。政客的社交手段与懂得重拾思路或重新启动话题是两回事。我在巴黎市政府的工作让我学到了许多这方面的技巧。

因此，我觉得，之后的阶段是要会从做蠢事挨耳光过渡至回击。比起小时候，如今我的确能更加"有力"地去反抗。我学会了反击，但在方法上还远远赶不上这方面的一些行家。当我能想到最好的策略，并以书面回应时，我比以前更善于应付了，甚至显得十分尖锐，我甚至可以非常凶狠。事实上，当我观察别人时，我倾向于记住他们的举止、期待和观点。对这些细节的观察揭示出人们通常没有表达出来的论据，但这些论据在恰当的时候可以被再次使用。

交朋友

我们现在来谈一个重要的主题，但是对自闭症患者而言则是一个不小的挑战：寻找朋友。我觉得，经历了连续多年的失败之后，恕我冒昧地说一句，我在这方面还是相当成功的，尽管所用的方法算不上传统。

对我而言，在这方面有一个日期是值得记忆的：2002年6月29日，那天我同时收到了两封回信，来自两个在网络论坛上认识的人（当时网络论坛属于新生事物），从此之后我们就成了朋友。

该论坛是法国门萨论坛（Mensa France），这是一个协会，之后我会略做介绍，我曾作为该协会的会员长达一年。我不知道现在的论坛如何，按照我的标准，当时经常出入论坛的人是很有趣的，是一些可以与之谈论技术类话题的奇怪的人。

这对我而言绝对新鲜且令人激动，很长一段时间内都是如此，每次都令我惊讶的是他们回应了我。我早已经习惯了要不没有回复，要不就是收到一封侮辱的邮件。

他们其中一个名叫罗伊克。有时我称他为我的语言学家朋友。因为他比任何人都更配得上语言学家这个称号。当时，他还不是语言学博士，而且与现在相比，当时的他在社交方面还有很多困难。在我们最初的邮件交流中，他主要的优点就是坚韧，具有对其感兴趣的内容持续进行严肃讨论的才能。这让我省了不少事，尤其是最初当我有些迷失时，因为写邮件完全是门艺术，特别是写普通的邮件。

罗伊克住在乡下，离巴黎很远。他唯一的遗憾是不能住在一个更为安静的街区。我通常一年见他一次，就在圣诞节前，然而近年由于我自己的旅行计划，我有很长时间没有见到他了。

可能人们会感到奇怪，不是语言学家的我怎么会和一个专家建立起长期的联系。有两点可能使得事情变得容易。第一，罗伊克对于语言学研究所关注的兴趣点是不断变化的，总之十分广泛，比如一天，他学了一门语言，在继续先前学的那门语言前，第二天他就换了门语言，等等。其次，他可以轻松地在任何领域找到其相关的兴趣点。比如可以涉及政治方面，因为对他而言，评价政治人物的主要标准之一是他们对于语言的立场，讲外语的才能，以及除了法语之外是否愿意承认其他语言。这是一种新颖的观点，从历史上来看，独裁统治一般是反对语言多样性的，就此而言他的这个观点是经过深思熟虑的，极为中肯。比如，维希政府曾迅速禁止运用除法语和德语之外的语言进行电话谈话和交流（德语是因为众所周知的原因，绝非出于国际开放的意愿）。相反，我认为，瑞士在政治上的杰出稳定以及符合全体民意的民主模式与其多语种的内在本质是紧密相连的，甚至预防了像欧洲其他地区那样曾不知道多少次被最为疯狂、血腥、野蛮、残忍的政体所蹂躏。

第二个回复我的人叫弗洛伦斯。一开始，我们谈论智力测试。她喜欢参加测试，就像我一样，为了娱乐或做运动，并不注重最后的分数。随后的几年间，一直占据我们讨论主题的是精神分裂症。通过弗洛伦斯不断变动的诊断，我间接地有了许多收获，尤其是在把精神科医生的意见相对化的能力方面。我们的另一个讨论主题，特别在2005~2006年，是职业生涯。弗洛伦斯是高级管理人员，她的就学经历有一部分和我相同，她告诉了我企业运营的方式、企业的陷阱及其规则。

的确在不久后，由于我在电视和媒体上的所有经历，关于这点之后我会再次提及，真假朋友蜂拥而来。但是我几乎再也没能与其他人建立起与这两位“具有历史意义的”朋友那样相同的关系类型。可能有好些原因造成了这样的结果：我现在已经有了一定的通信量，而在这两位朋友和我联系的那段时间里，没有其他人愿意与我保持通信，这个因素确实有很大的影响。现在，我可能会结识一些杰出人士，彼此会成为好朋友，像潮流和艺术设计师黛博拉，还有塞巴斯提安，他也是艺术家，但首先是人文学家，还有许多其他的杰出人士。

学习写电子邮件占用了我许多时间。我在找寻适当的词语方面有很大的困难。我的两位笔友对我没有严格的要求——这是出于刻板吗？或正相反，是因为他们的适应能力？观察人类有多么复杂是很有趣的。他们定期给我写信，如同源自他们精神上的刻板，或者我也同样如此；就像这可能被理解为一种适应能力和灵活的迹象。精神病学的分类是十分有限的。

一般来说，当人们和“正常”人进行交流时，他们很快就厌倦了，或者他们有某些预期，而这些预期必定多少让他们失望了。或者起初他们很激动，而六个月之后可以看到他们完全变了。因此，经常与非正常人交往应该有好处……

自我保护

那几年我在媒体上大量曝光，在这段经历中我简直就像个小丑，我认为学习社交准则应该包括学习自卫的方法。除了自闭症患者的笨拙及其脆弱，对他们而言附加的危险在于他们倾向于认为，在遭受多年的排斥和孤独之后，每次交流就像一次特别的恩惠，因此不能受到质疑。

现在，我开始慢慢自我培训。当我和某人在一起时，或者当某人给我写信时，我努力分析他的句子表达方式，我尝试勾勒出他的心理图。我多少取得了一点成绩，我觉得，在练习中我慢慢地有了些进展。当我和一些心理医生联系时，他们告诉我，我有时为别人做的心理图是相当正确的，这使我非常得意。

应该要学会在心里想象一下交往时可能遇到的问题。在有了一些经验之后，我的数据库中储存了一些人的类型图，我认为在许多情况下可以猜测到相关类型。

这个安全的方法有两种不好的影响。一方面，有时它要求我付出非常多的努力，因而减少了我的意愿或精力去和相关的人保持联系。另一方面，我可能过于谨慎。奥斯卡·王尔德说过，唯一从不后悔的事情，就是疯狂；对待人过于理性和谨慎，也不可行。我觉得自己有时就像莫里哀的作品《吝啬鬼》中的人物。此处的吝啬并不是说我不掏钱，确切地说是那种在有任何行动之前都要仔细考虑的人。我觉得自己身上存在这类行为，但这样必然会造成一些问题。而问题就在于是否该向他人吐露实情，是告诉他还是不告诉他。鉴于过去我总说不该说的话，所以我不得不谨慎些。我猜想对其他人而言这应该有些令人不快，他们期待的是一些知心话。因为这是人类游戏的一部分。比如，在可能的情况下，我想要避免提供我其他朋友的名字或联系方式，或者确切地说出我在做什么。

总之，很难知道该如何做出抉择。有一段时间，有人指责我是秘密部门的警察。我觉得这种说法很有趣，他们或许有更具社交能力的合作者。

孤独

我是否在忍受孤独？这是关于自闭症十分典型的问题。我认为，就像所有人一样，我有一定的意愿想要向他人靠近，看他们在做什么。总之我比大多数人能更好地处理孤独。有些人虽然不是自闭症患者，却因为性格而非常孤独。

工作负担很重的那段时间，我渴望，完全不与任何人接触地度过一周。我羡慕那些能够住在乡下的人，无论他们是否是自闭症患者。在中亚，最能刺激我想象力的地方是那些尽可能人少的地方，比如荒漠里的山区。

显然人们身上有些事情令我着迷，使我想要走近他们。但这些令我着迷的因素在别人眼中未必有同样的效果。比如人们会喜欢一些易变的特征，我觉得很有趣。例如某个人喜爱金黄色的头发，而不是棕色头发，或者相反，然而这一切都是如此的多变且具欺骗性。在法国，金黄色头发是最常见的外貌特征，但实际上也很可能不是这样的。人类的体格会有这样的现象，即年轻女人头发金黄，身材苗条，但几年之后，头发就不再金黄，人也不再年轻，身材也苗条不复。另外有些特征甚至是无法证实的，但却是决定性的。在我刚开始为女性杂志工作的那段时间，对于女性读者来信中显示出的准则感到十分吃惊——每次，或几乎每次，某个人会被描述为很棒，非常有趣，很聪明。但是这在何种程度上真实反映出他人的性格，或这只是一种对他人的简单投射？另一方面，我也会给予他人错误的印象，可以设想这样一种印象投射，如果它一直持续下去，而且这种投射是相互的，那么它可以有效地使得交往获得成功，即使这一切是基于歪曲。

被歪曲的原因及其相关疑问有点像我所说的关于化妆的一系列问题。对我而言这一直是个谜，当人们化妆时，他们认为自己是英俊还是漂亮？化妆或不化妆，其实不能改变什么。有些人建议我去购物来让自己“焕然一新”。起初这个观点令我很震惊，但是世界就是这样运行的。因此我在工作上所表现出的马虎就在于总是穿类似的衣服，不太讲究场合。这既是一个习惯问题，因为我习惯了这样，也是一种无声的抗议。

霍加·纳斯尔丁是亚洲伊斯兰教的传奇人物——他曾在布哈拉生活，离撒马尔罕不远，正是在那里我写下了本书中的这几行字——他讲述道，一天他受邀去参加一位名流家的晚宴。当他来到门前时，匆忙中赶来的他仍然穿着脏衣服。他被人赶走了，那人还喊道，乞丐是不受欢迎的。于是，他穿上了华丽的衣服，再一次敲响了大门，他受到了热烈的欢迎。他与王子同桌时，他把汤倒进了礼服的口袋里，把肉块放进头巾。宾客十分吃惊，问他为什么要这样做。霍加·纳斯尔丁反驳道，他在喂食自己的衣服，因为他见识了第一次和第二次到达时的区别待遇，所以他认为这套衣服才是真正需要被款待的对象。读者可能听过类似的故事，比如古希腊的故事，这可能是一个超越了文化和民族的故事，其中暴露出的问题一直都存在着，昨日一如今昔。

反击的艺术：失业和我的第一份工作

自闭症患者的就业问题很少被谈及。在一般残疾人的就业问题上，人们通常断言，他们在职业融入方面的主要阻碍在于缺乏资格认证。就自闭症的情况而言，这种理由在一般残疾人的就业情况中是站不住脚的，我觉得这都是借口。

我认为，如果我必须通过正常途径寻找一份职业，我永远都找不到。尽管我有一份内容丰富的简历，或正是由于这个原因我才找不到工作。虽然我的学习经历属于招聘面试的评估能力范畴，但我总是不具备某些才能，而拥有这些才能在新手眼中是很自然的事情。我越是能把十分抽象的主题吹得天花乱坠，把自己推销出去就越会变得十分困难。因此，不仅我所有的招聘面试毫无例外地失败了，我也成了各类糟糕实践的牺牲者：永无报酬的翻译，包括为那些伟大的编辑做翻译；一旦我和善地做了别人要我做的事情，得到的却是拒绝与“无线电缄默”，等等。在面试时，其实都是有规矩的。你应该以某种方式说“您好”，以某种方式握手，以此显示出你就是适合相关职位的合适人选。不应该低估自己，或是贬低自己。应该注视对方。这完全是一种必须实行的诱惑游戏。而以前，我则倾向于看着地面，僵直地坐在那儿。我的语言比现在要学究式得多。我的声调比如今更加单调。我的失败只会发生在会面中。就像一家大型广告公司的负责人对我说的：如果所有应聘实习生的候选人都像您这样，我们就不会招收实习生了。

但是我仍然成功地找到了第一份工作。那是在2003年的秋天，那时我刚从巴黎政治学院毕业，三个月的时间里安定药让我十分嗜睡，但那时我无论好坏还是能够做些事情。这算不上一份真正的工作，确切地说是一份没有报酬的实习。

我寄了很多份简历，多少还是相信这样一种官方的宣传，即巴黎政治学院的毕业生找工作容易，但结果只有失败。而这家企业则不同，没有经过面试就接受了我。这是一个女性杂志编辑部，性质介于出版社和广告公司之间。

事实上人家可能只是拿我当笑柄，编辑部从老板到秘书都是女性，而且整个气氛令人惊讶。我参加的第一次团队会议，应该是很正式的场合，在与会者相继发言的时候，女老板夸口说能连续七次性高潮，在转向我之前她还十分肯定我不可能明白她所说的。

于是我开始学习编辑工作的诀窍。从头开始是没用的。我什么都不懂，我不知道什么是按摩浴缸，香水品牌或巴黎的好餐馆也一样……这类东西对于女性杂志的编辑工作是必不可少的。这恰好增加了摸索的挑战性，最初的几步十分困难，在开始的几周内，我无法做一件正确的事情，但是慢慢地我学会了组织语言的因素，句子的结尾，组合句子的方式以及写文章的方式。当人们不知道什么是按摩浴缸时，怎么描写泰国的奢侈酒店？对我而言，SPA是比利时的城市，它在一战期间接待了德国总司令部，但对我的同事来说，“SPA”完全是另一回事。我也很难理解为什么人们喜欢花时间在这些建筑物里，让人往身上浇热水。同事间的对话也吓到了我：她们谈论演员，化妆。起初听到这些新事物时，我内心交织着赞叹和惊愕的感觉。

总之，尽管遇到了许多困难，我在编辑部的工作是一次很有趣的经历。这段经历体现出，人们可以在乍一看无法料想的领域里从事工作，同时也证明了自闭症患者几乎在哪里都可以工作。

市政厅的会面

艰难的那几年过去了。那几年我做了一些翻译工作，但之后却是长时间的无所事事，最终我与巴黎市政府现今的助理之一阿穆·布阿卡兹进行了一次会面，他当时是残障部的技术顾问。2006年底他进行了一场关于自闭症的联合面试，面试到最后就只剩下我了。结束时，阿穆对我说："你被录用了！"开始他要我草拟一些小文稿，起初很少，大概一个月一次。当他觉得这样做行得通时，我成了他在残疾人职业融合基金管理联合会(Agefiph)的助理。残疾人职业融合基金管理联合会是一个准公共组织，企业对这个组织很了解，因为当企业不遵循残疾人雇用配额的时候，就必须向联合会缴纳一笔费用。两年半的时间里，我在残疾人职业融合基金管理联合会当阿穆的助理，他是联合会的董事之一。

随后，我成了他在市政府的助手。我应该承认，我不太清楚自己的官方职衔，其实这无关紧要，我的职位是特别设置的。如果不是这样的话，我可能很快就失败了。具体来说，我主要的工作是编辑，有时是建议和资料概述，还要做专门的出版物审查，我的老板会经常询问我的意见。最常见的主题是残疾——残疾人被排斥和不被予以优待，以及残疾人在巴黎的社团生活。我的工作内容没有严格的规定。

有时，人们问我为什么坚持做这份工作。由于我很早就开始和他共事了，而且他是我老板团队中最"老"的一员。纯粹从经济方面来看，我认为，只要有最低就业收入补助或者就业互助补助，我就能生活了，我的开销不大，也不需要付房租。我继续做这份小工，是因为我欣赏我的老板，他也成了我的朋友。像他这样天生失明，父母是卡比尔人，而且还是文盲，人们根本无法把他和其他政客联系在一起。而和盲人一起工作很不错，他从不会批评或嘲笑你的穿着，也不会指责你的领带问题。

我的工作给了我一些好处。第一，时间上的灵活性。我可以在凌晨1点或周日编辑文章，只要我愿意就可以去上课。第二，我的老板总是注意分配给我的工作不超越我的能力极限。他通过邮件给我布置工作，而不是打电话。第三，工作使我能够发现许多伟大的作家和历史人物。因此，我很喜欢撰写开幕演讲或祝词。我还注意到一件有趣的事，一般来说，市长的编辑只会写纯粹的法国祝词，比如圣诞节的祝词，而不会写穆斯林节日或犹太新年的祝词，这类祝词专门由具有相关宗教信仰的人员来负责。然而事情是如此简单：只需在撰写几行字之前稍微搜集一下资料就行了。正是在这段时间，我觉得，认为自闭症患者是得了心理不适症的这种说法完全是错误的！

我所担任的这个职位有一些奇特之处，其中之一就是除了我的老板及其小团队之外，市政府里我谁都不认识。在我的生活中，我总共就亲眼见过贝特朗·德拉诺埃十秒钟。在一段时间里，阿穆·布阿卡兹总想要让我高兴，于是他邀请我参加了一些会议和典礼，比如，在使馆举行的巴黎社会名流晚会，但是他后来知道我没有去，所以他就不再这么做了。

在市政府，就像在任何行政部门一样，存在非正式的办公室等级；有些人是有威信的，而另一些人则要低调点，因为他们所处的部门被认为不那么受重视，而其中的原因只是比方说走廊没有大理石雕像，在我看来这都是一些荒谬的细节。我得到了一间办公室，其所在的走廊不被认为享有特权。正因为如此，这间办公室比其他的办公室更加适合我。当所有人聚集在装饰有雕像的拥挤通道里时，或是涌向诸如小酒店、小会客室和其他的放松场所时，我就可以安静且不引人注目地工作了。其实，我至今都无法在市政府的平面图上确定这些神秘场所的位置，尽管我已经在这里待了这么多年了。

正式地来说，我只为阿穆工作。事实上，通常是他给我布置一个任务，随后他就把文章发给其中一个同事。有时看着一些政客复述我的演讲是很有趣的，但他们完全不认识我。这是一份有前途的职业。

与阿穆的相识，以及他的雇用提议使我明白了我可以工作，即使我所做的工作是十分特殊的，这也使我想到了自闭症患者或一般残疾人的就业和职业培训问题。他们需要接受培训，不仅要学习某种社会能力，还要适应职业生活的强度。尤其要说服他们，他们能够为企业带来一些东西。不止一次，阿穆对我说，我写的文章很好，这让我很意外，因为我认为这是毫无价值的可耻文章。

最后一点是十分重要的。以前我几乎坚信自己永远不会工作。自闭症患者对自我的错误印象在此处起到了作用。这与大企业的合作者认为自己非常强大有什么区别……

我必须讲一个小故事，非常有启发性。几年前，全靠阿穆我得到了在联合国教科文组织外部顾问的工作。具体来说，我用法语撰写关于非物质遗产的材料综述。那里的主管对我的工作很满意。一两年前，她建议我继续这份工作，这次是用英语撰写。我用邮件回复她道，用非母语的语言撰写，可能会导致我写的句子无法具有很好的风格。此后她再也没有给我回信。如今，这个职位可能由其他人来做了……而他用英语写的文章比我还糟糕。

未来和生存主义

对我来说未来就是一个巨大的黑洞。我不知道会发生什么，不是就长期而言，而是中期的，因为凯恩斯清楚地指出了就长期而言我们都会死。如果没有工作，我应该对之后的生活感到有些担心。我强烈地意识到，对于改变，我感到很恐慌。因此这些担忧没有带来任何建设性的产物。据说焦虑的感受是一种反应——不管怎么称呼它，心理的或生理的——焦虑是为了给予人类在棘手情况下更多的精力，明确地说就是为了摆脱这种情况。我的情况有些特殊，焦虑不会导致任何结果。我工作合同的期限近了，还有大概一年。没人知道之后会发生什么。

我有一些患有自闭症的朋友，他们习惯一种最低限度的生活方式。在美国，被称为“生存主义者”——一些人或是认为世界末日临近了，或是觉得世界是罪恶的，所以应该习惯生活在森林里吃覆盆子。的确我有时也想以这种方式来学习生存。梵语文学经常出现这样的主题——克己、苦行、去森林，等等。我有一个患有自闭症的朋友，他的工作类似公务员，算是一份较为稳定的工作，他有一套公寓，但是他两年多前就在大街上生活，一年四季都如此。起初，他这样做是将其作为一种与社会联系的方式，如今似乎是怀着一种理论和哲学信仰去做。问题是，体验这种经历是否应该有一定的限度？

（就业）研究

当有人问我，我回答道，我的长期职业理想是成为我大学专业，即宗教学的教师及研究者。我认为自己能够承担这类领域的课题，因为在许多文化领域我都具有一定的知识。如果再培训几年，我能够做一些基本正确的事情。但困难在于通过选拔面试。在法国，机会是很少的，尤其在这一领域。

我知道，研究领域是很艰难的，我也知道，在这个领域我处于边缘地带；但是我仍然希望最终能找到一份有趣的工作。在此期间，我计划花一两年的时间到其他的国家用另一种语言、另一种文化去学习。我的想法之一是移居印度，真正地去学习梵语。这不是不现实的。问题在于我回来之后会怎么样。

我有点像四处觅食的麻雀。我觅得了许多种类的谷物。但我不只是一只麻雀，也不是捕食性的猎鹰。麻雀只会乱想，只会欣赏米尔恰·伊利亚德或其他人的博学，只会为仅仅保留了诗歌和古老文本的时代，以及为那些迅速变成三叶虫化石的东西而感到遗憾。

第7章

正常状态中的反常，或为什么（不）正常

一件轶事能够让我们切入正题。我非常喜欢足球比赛，当然，我几乎不太懂这项运动，我对于学校球类运动的唯一记忆是我无法躲避湿漉漉的球砸在我的脸上。比赛还是很有趣的，观察人们面无表情的脸，他们的目光突然间变得比我的还要不可捉摸。他们痉挛的动作，没有一项法律能支配其规律性。更妙的是，在阳台上聆听比赛之夜的寂静，猛兽的嘶哑喊叫声让我明白了这个使人放心的事实："约瑟夫，你不是这个街区最疯狂的人……"我还记得在学校做过的一篇听写，它讲述的是一个孩子不理解拍球的用处，于是所有人，包括同学和叙述者，都觉得这个孩子有点迟钝。由于多年来信奉犬儒主义，以及听闻有关足球世界粗暴行径的传言，如今我觉得"迟钝"这个形容词可能具有更为广泛的使用领域。

成为正常人，是否必须签订浮士德契约？

有一个时期，我对浮士德的故事产生了兴趣。或者确切地说我对这个故事，以及这个故事的不同版本感到困扰，我无法触摸到市政图书馆里“真正的”原稿，就某种程度而言，它可能会使我摆脱此文本在生成过程中产生的多种形式的含糊不清。然而我忽略了本质的东西：由每个人重新撰写、重新表达的这个故事适合每个时期的关键问题。基本的悲剧性如今仍然存在于《浮士德》的每个版本中，即基本主题的性质、与可以产生正常性或反常性的其他作品之间的比较、主题性质对于这两者产生影响的可能性。就像一位数学家，面对一个特别难的方程式，他会用上千种方法重新列出方程式，却不知道会以何种形式给出答案。

让我们假设，浮士德要明确描述其契约中墨菲斯托实施（或不实施）的改变。从关于自闭症的学术性论文阅读中可以产生某种幻觉：出现在这些论文中的完美描述经常让人相信，从某种程度而言，他们的否认就是需要达到的目标，以及通向正常之路的方式，因此缺乏社会能力的人更应该去获取这种能力。乍一看很简单的例子，然而事实并非如此。人类，就像任何复杂的结构，是无数参数间的脆弱平衡。哪双手自认为足够灵巧可以去改变这些参数？整容外科医生在尝试，尽管投资在研究上的金额巨大，尽管拥有最优秀的实践者，但从人们过分修改面容的那刻起，他们就变得不像人类了。这世上不存在随意的修补。对于此类修补的模糊意识可能造就了这些叙事，从魔像到浮士德，还有弗兰肯斯坦，从而不禁令人想起，在最经典的故事中对于掌控自然的过度尝试充当了灾难的情节。

让我们回到关于社会能力的例子上来。假设有人改善了我的社会能力，这是否确实是针对自闭症的胜利呢？在小小的政治领域里我可能遇见过一些人，他们具有非凡的社会能力。然而，有些人，正是由于拥有这个能力，令人厌恶。他们的脸上从来不反映他们的情绪，但却形成了一种永恒的技巧，从而令他人无言以对，他们还会利用恰当的机会来达到自己的目的。人们可以为具有这种随意诱惑的能力感到满意，但这种能力却被认为存在大量滥用的情况，而且滥用这类能力的人在数量上大大超过了异常人在高级职位上的平均数，这个现象很少被提及。如果增强我的社会能力，鉴于我已经掌握了一定数量的补偿策略，我能够变得邪恶。像富歇一样，我和他拥有共同的名字"约瑟夫"，或者像唐纳德·特朗普，这是否真的是令人羡慕的终极目标？好几年前，一位法国左派政客私下对我说，如果我不是自闭症患者，我会比萨尔科齐更糟糕，在他看来这可能不是一种赞美；我不知道这是否是真的，但我能感觉到他所说的那个人可能不再是我自己了。

让我们再举个例子，乍一看更容易评估：智商。假设智商是某种真实的东西，但在我看来并非如此，如果人们身上真的存在智商参数，到什么水平可以确定为正常呢？平均分是100，但是人们经常表示，最好有个更高的分数。应该力求达到130？145？我听说，肯尼迪家族中的罗斯玛丽，她是之后成为总统的约翰的姐姐，她所具有的智商能力被判断为"低于"家族的其他成员，由于这个消息已经流传了出去，于是她自然受到了特别的优待。让不正常的罗斯玛丽去做了脑叶切开手术，当然是为了她好，而结果则是灾难性的。然而，在另一个家庭中，她可能就不会表现得不正常，不会被"改善"了，从而会拥有一个能够得到更加充分发展的生活。更妙的是：越是得到较高的智商分数，就越接近精神错乱，因为尽管这个分数是真实的，但它更是基于一种假设之上的。接触那些智商分数高的人是一种经历，这种高分超越了任何的人类价值观。他们的信仰经常是孩子似的，他们的行为非常平庸，他们会变得疯疯癫癫，因为他们试图区别于大众。总之，就像我的一位朋友所说的，智商可以很好地循环：一旦得到了过高的分数，无论真假，这种上升活动将会回落到其最初的状态。

另一个要考虑的因素是生活参数的多样化。比如侵略性，在每个人身上会不时地有所起伏，尽管很多人具有一种更为稳定的参照系。什么是正确的价值观？当这个问题仅仅出于精神病学的职责被解释为与侵略性有关的考量时，这就不是一个抽象的问题了。不仅每个人平均侵略性的程度是不同的，而且起伏的幅度和理由也各有不同，更不用说还有侵略性的表现方式。在为罗斯玛丽的脑叶切开术的辩护中指出，她对迫使其上十分密集且严厉的课程表现出敌对的反应。然而，我质疑，肯尼迪家族的其他年轻人会毫无异议地接受这样的课程安排。事实无关紧要，对残疾人而言当某件事情不像预期的那样进行，这不是“他的错误”，但进步主义教育学家和人道主义教育学家却不会这么说，他们认为这是因为这个人身患残疾，是其疾病的错误。由此，应该根除这种错误。

比如在精神病院，或者在一般的精神病学领域，既然正常人赞成进一步探讨有关外部交流的温和言论，人们就可以很容易观察到，由于病人的进攻性行为而实施的大部分限制或“照看”措施是源自外部的变化，而这种变化不属于病人的活动范畴。由于这种诱发的进攻性行为显然成了不可辩驳的证据，以至于必须要进行一系列程序，它最初在合法性上是受到质疑的。换种说法，在这一方面没有比商场保安人员气恼地撇嘴更具有启发性了，他们在出口监视你，却没能在你的包里发现偷来的东西。或者以我的一位患有自闭症的朋友为例，他一生中的很大一部分时间是在精神病院度过的，由于某次对医生的暴力行径，他被医生关在以前那些吵闹且具攻击性的犯了轻罪的犯人的集体宿舍里，而且医生长时间利用借口使他待在里面。

回到关于进攻性的问题，由于每个人的进攻性程度会一直有起伏，那么以何种程度确定参数来使我变得“正常”呢？问题是无法解决的，即使具有适当的参数。

在墨菲斯托的作坊里，会变成什么？

那么，我是否喜欢改变，变成“正常的”？在希腊神话中有许多例子，比如，有个男人想变成女人，只是为了看看，然后再变回来，或反之亦然。这个主题在一般神话中是很常见的。我很想测试一下变成日本人意味着什么。但是这种意愿在道德上是否被允许呢？人们是否可以随意地改变？这是否人道，或这是否显示出一种疯狂的形式？

文艺复兴时期作品中的这个主题被卡夫卡大量地挖掘，甚至开始成为电影体裁。很久以前，在我逗留德国期间，我看过几部最早拍摄此主题的电影，其中就有《卡里加里博士的小屋》。我对这些电影所表达的深度印象深刻：当时的拍摄方法是很有限的；在拍摄电影之前，导演必须对其所说和所做的有一个深奥的构想；他们还必须弥补技术问题。结果是十分具有欺骗性的。相关电影必然会让人产生一种无法形容的不适，一种深层的不稳定感。可能旅行的目的最终就是这样的：让人看到什么是正常的。这种做法本身就是非常不正常的，医生令人放心的形象传递出一种恐怖的形象，或反之亦然。被揭露的是这些过激行为的结果，控制意愿的结果，获取变化能力的结果，以及变化的结果。

我会渴望立即变成任何东西，无论是什么。然而，就道德观点而论，这既是不适当的，也是不被允许的。一些特定的变化是可以设想的，但是需要十分谨慎，而且这还难说。

让我们举个例子，这次不是出自某部虚构作品，而是一个十分真实的情况。假设我很年轻，是非洲裔美国人，我住在美国。按照统计学的观点，我进监狱的几率比起有一份工作更大。我可能随时会让自己陷入进监狱的情况，现实生活中并不缺乏这样的例子。说我的处境是暂时的问题，这样的补充是无用的。因此，在能力超凡的医生的帮助下，我未来的父母设想着改变的途径，医学的进步使改变成为可能。首先，人们可以把孩子的肤色变白，引发基因变化来使他“正常”。或者，在反对种族主义的国家规划领域内，为什么不开展视网膜的基因变化，使得人们看不见黑色的皮肤。可以想象，就像法国对于唐氏综合征所实施的策略，如果他的皮肤显得过黑就不让孩子出生。表面上一切都是有可能的。

最棘手的不是修改这些事情，而是让心理发生改变。我总觉得这个事实十分显而易见，即当人们要求知识渊博的人去预测未来的变化，他们鉴于某种可靠性能预测技术发展的情况，但是他们对于社会或文化的发展情况却完全搞错了。二十世纪初的伟人曾十分具体地预见到，在之后的一个世纪中，飞机、电视机、交通工具和通讯工具的出现。但可悲的是他们错误地预言了比方说家庭中女仆和佣人的消失。或者预感到出身良好的年轻姑娘在将来可能会做些其他的事情，而不是穿着华丽的裙子在钢琴后面等待着迷人的王子。改变黑人皮肤的技术或者改变自闭症患者大脑的技术在几年之后可能会显得异常，并混杂着像对过期樟脑丸一样的使人反感的粗鲁的复杂情感，正如阅读一些旧时心理学研究文章时所感受到的那样。

可以讲得更讽刺些。大概几年前，当一个黑人来到一些东欧国家时，他会受到明星般的款待。他们从未在生活中看到过黑人，人们触摸黑人来验证他的皮肤和他们是一样的，或者刮擦皮肤来看看假想的涂层是否可以被去掉。在1920～1930年间，美国黑人被苏联所做的宣传吸引，即苏联是一个没有失业没有种族主义的国家，当他们来到苏联时，他们不知道克格勃和内卫军在他们到达的那一刻已经在等待他们了。这是为了指出，对他人的拒绝具有一定的波动性。

没有事实可以证明，如果现在黑人父母能够借助于某种基因手段拥有一个白皮肤的孩子，孩子成人后是否将不会面对被排斥的现象，这是父母永远无法预料的变量。

在自闭症患者和正常人的国家中旅行

为了使讽刺稍显尖锐，让我们设想自闭症患者拥有自己的国家。在这个国家中，由于没有一个政治体系是完美的，一小部分在其他地方被称为正常人的非正常人产生了一些演变，寓意是这样的：一天，一个充满同情心的新领导团队，对这一小部分不同的人采取了一系列的融入措施。特别是在学校里，这些融入措施用来使相关的孩子变得正常，即变为自闭症患者。

这个例子有一定的现实意义。一个欧洲孩子被置于一所日本传统学校，可能会有十分类似的经历。《格列佛游记》和《波斯人信札》等类似的文学作品是为了通过讽刺去揭露由一个社会对相异性理解的无能所导致的怪癖。

我担心，在大量文化因素的影响下，法国在包容相异性这方面会有额外的困难。因为在法国正常性是最被看重的。在学校里，当有人想责备一个孩子，就会对他说：“别出风头！”然而整个艺术生活的目的，职业的目的，甚至整个人类生活的目的，恰好就是要引人注目。在法国，一个年轻人成功的最高点就是进入高等师范学院，并且通过会考取得大学或高中教师职衔，成为精英群体的一员。于是，当德里达在美国被奉为十分具有创造性的哲学家时，在法国，他的正式身份却是“哲学辅导教师”。

把有些词翻译成另一种语言会在人们身上造成奇怪的反应。在德国可以用“Gleichschaltung”这个词来翻译“规范化”。但对无论哪个德国人而言，这个词都是灾难性的，因为它被用来指1933年希特勒上台后所进行的独裁统治。作为法国文化最重要的目标却在别处勾起了十分糟糕的回忆。而捷克语中的“normalizace”一词，即“规范化”，会令人想起一段十分特殊的时期，即1968年布拉格之春后随即而来的镇压政策。

当然我们不可能清晰地估计历史的模糊记忆和文化特征性的影响。然而，可能在我眼中，美国学校不推崇标准化，这使得自闭症在美国被更好地接受成为可能。自闭症甚至成了一种才能，一种令人羡慕的特征。

如何摆脱自闭症患者和其他疑难症患者

我的朋友托马斯·布尔日隆，是杰出的遗传学家，他经常出席有关自闭症及其基因组成的讲座，我有幸参加过其中几次讲座。这类讲座都有一个共同点，就是由公众提出的第一个问题总是关于发现要出生的孩子患有自闭症的最好方式，以及相应的最好应变方式。由于缺乏可靠的测试，这个问题目前难以回答；然而，在一段时间之前，法国对于唐氏综合征采取了一项政策，自称十分尖端。我们可以谈论一下这个问题。

这个主题很少被讨论，除非在3月21日，世界唐氏综合征日，在一些非主流的刊物上会有所提及。看到越来越多这个领域的从业者如此质疑这项实施至今的政策，是一件有趣的事情，最终被证实是全面失败的。这是一种比起禁止谈论更令人担心的失败。这样的情况可能在政治或医学上都不受重视。

这是财政上的失败，因为系统测试及之后的流产是非常昂贵的。也是技术上的失败，尤其在测试水平上，这些测试并不完全如人们所想的那样可靠，而且尤其明显的遗传起源缺陷应该可以被毫无困难地测试出来。流产成功层面的失败——为检查出一个因可能患有唐氏综合征而流产的胎儿，相应的就有两个非唐氏综合征胎儿由于检测错误或测试的副作用而流产。甚至还没有提及人道方面的失败，对那些因为某种原因拒绝服从医疗指示的家长进行硬性治疗。法国政府所实施的一切措施都是为了让人相信，测试及之后的流产是一项法定的义务，对少数抗拒者社会制裁是很严厉的。比如，有些医生受到命运的嘲弄有了唐氏综合征的孩子，他们便由此远离了医学界。

最后，最明显的失败可能是在另一个层面。为了避免提及对唐氏综合征所担负的责任，法国完全失去了考虑的机会。在其他国家，比如美国、西班牙和欧洲的一些国家，逐渐发展起一些技术来更好地教育唐氏综合征患者，令其融入社会。如今，在美国有些唐氏综合征患者能够成功通过心理测试而进入大学，这样的例子越来越常见了。可以设想，不久以后，随着各项技术的改善，情况还会有进一步的发展。一位西班牙唐氏综合征患者的经历便可以证明，他曾开启了自己的演员生涯，如今他在欧洲委员会受聘担任管理职位。总之，基因，是来自于印欧语系的古老词根，它意味着“出生”，有时也解释为“与死亡相关的事物”、“死亡的智慧或实践”，基因这个词不仅是针对直接相关的生物，也指一般的社会可能性。

社会遗传学

遗传学中的心理能力令我着迷。其根源是很深奥的，它存在于硬科学模式对精神科学（我使用了德语的术语，而不是法语中更具代表性的“社会科学”）的吸引力的历史连续性中。我这不是怀疑任何学科的真实性，只是观察其导致的影响。在奥古斯特·孔德的积极社会学和科学经济学的尝试之后，马克思主义者和其他自然主义心理学家认为最终遗传学似乎有可能打破自然科学和精神科学间的界线，并且将前者的范畴引入后者。无论多么难以评估，宗教因素可能同样起到作用：正如汉斯·布鲁门伯格所指出的，在极其重视圣经文本的文化中，一种奇怪的心理对照是不可避免的，比如在遗传学研究领域十分活跃的美国，这种对照就存在新教义与认为终极密码会留存在我们身上的这个想法之间，而所谓终极密码即一种只需朗读便可被用来进行创造的密码，是奇迹中的奇迹。相反，天主教国家则更倾向于看重心理分析，尽管事情在不断变化。

无论背景如何，遗传学言论获得了显著的社会权利。即使不愿承认这点，我们的时代却重视它胜过一切。让我们来看看糖尿病的例子。糖尿病的起因是多样的，生物学的、社会层面的和特发性的（或难以确定的）。与糖尿病相关基因的发现引起了轰动，所涉及的团队得到了丰厚的报偿。但是对糖尿病相关基因做出解释科学家们得到的报酬却相应较低，尤其相较于一些非遗传类因素，科学刊物及非科学刊物都对此闭口不谈。一项类似的研究，是关于我也不知道的某个因素，比如与生活方式有关的，就没能得到好评，而且还差得远呢。更妙的是：不久之前，报纸热烈地报道了背信行为基因的发现。我们终于对此有了解释。

当然，比起之前提到的例子，自闭症领域的遗传学研究要更加严肃，在方法论上也同样如此。然而，研究很少涉及个体基因，其实个体基因对自闭症具有充分的解释力，胜过小部分案例以及自闭症的一些特殊形式。托马斯·布尔日隆教授是这些问题和研究的尖端学者，对他我有很高的评价及好感，此外他非常的谦虚，这是那些不怎么专业的专家和非专家远远无法企及的。

对于基因能力的无知信仰可能受到两种附加的批评。一方面，就像我将尽力在下一章节中所展开的那样，我认为，自闭症应该是实用主义研究的对象，一个问题接着一个问题去研究。运用这样的方法，比如，找工作的困难应该就其本身去被人们认真地对待，而不是作为基因因素的副现象来看待。比起大胆假设，我更难定性因果关系，尤其难以定性的是背信行为的基因相较于实际的背信行为。另一方面，遗传学是一门年轻的科学，仍处于探索中。通常这门学科的实践者显然不如正在成长中的业余爱好者那么教条。该学科的历史比人们认为的要更复杂：人们经常认为，由达尔文、孟德尔及其他学者缔造的这门科学不得不面对蒙昧主义的宗教。这是一种极端的简化，因为这些创始人是各自进行研究的，有时是怀着敌意的，这种简化忽略了所有这些学科的多样性探索。一种简单的检验便能证明极少人阅读过达尔文的著作。甚至大部分人对于有人建议其阅读他们所“熟识”的作者而感到惊讶。如今，遗传学一直处于不断的变化中。学科中的方方面面都显露了出来。表观遗传学昨天还以“双亲印记”之名被置于角落，而今天已是一门完整的学科了。就此，我应该同时感谢，杰出的科学家让–克罗德·阿梅森，他在教学方面也是十分出色的。

对我而言，无论如何，最令人悲伤和沮丧的时刻，就是当人们成功地树立起一个系统模型时，它可能是人类基因方面的或其他方面的。也正是因为如此，我只能作为怀疑论者去面对尚若教授的《神经元人》，然而这部作品是我童年时期十分欣赏的作品。可能出于信仰行为，或是糟糕的信仰，我认为，这个终极模型的建立不会这么快达成。虽然我无法证实，但是我准备下注赌一块巧克力。

精神不正常的人和嘲笑的关系

我认为，精神不正常的人的在场或假定在场，嘲笑，以及个人或集体身份，这三者之间存在着一种深层联系。柏格森对于嘲笑的研究表明，在社会约束得到释放的情况下，嘲笑便启动了。

这样的一个事实让我很困惑，即每次有人以不那么有趣的方式提及疯狂时，人们就笑起来了，而那些最为严肃的人忍住了，因为他们希望维护自己人文主义者的名声，因为作为人文主义者不能嘲笑别人假设的不幸。

疯子的存在，或精神不正常的人的存在，会在两个层面起到作用：一方面引起了别人的嘲笑，另一方面再现一种个人或集体的身份观念。

比较马戏团的旧海报是很有趣的事。在海报上吹嘘表演过程中演员的出场，诸如树干似的男人，长脖子女人，断臂音乐家，身体笨重的男人，连体双胞胎，这些演员出场所造成的效应就像如今一位自闭症患者上台参与研讨会所造成的效果。

由此，与那些著名的之前提到过的被认为患有自闭症的名人以及马戏团里的幽默同事相反，在节目结束的时候，我仍不能摘下那有形的或戏剧性的面具。至于研讨会，必须假装很严肃直到最后。担任一个角色，却无法在最后几秒钟丢弃这个角色，并恢复其应具有的正常性，这样的行为是很可怕的。

在电影《大独裁者》中，卓别林进行了滑稽的演讲。在观众看来最令人担心的，或最有趣的是，群众很重视他，但是他却是被迫在演绎这个角色。卓别林的唯一优点在于所有人将他的名字与幽默联系起来。人们曾赞扬他演绎的“西斯特-亨利·德·克罗佐，法兰西学院院士”，很有可能人们至今仍然很重视这个角色，并且吹嘘理解了他那莫名其妙的演讲。索卡的嘲弄则指出这是很荒谬的。当人们介绍一个具有巴黎政治学院校友和哲学博士名头的小丑时，是否也有同样的效果呢？恐怕是这样的。我们稍后会再次谈及。

反常——疾病、残疾和疯狂

总之，这种不符合分类标准的反常性，就像道家，到底该如何来描绘它呢？我感到十分困扰。我不知道该使用哪个合适的字眼，以何种标题来归类自闭症。

一些权威人士向我解释说，不应该使用“疾病”这个词，我一般也不使用它。这个词会刺痛人的感受，有时会引起暴力反应。这个词也是基于一个有疑问的假设，即自闭症作为疾病会成为与存在无关的痛苦来源，治疗可能会消除这种存在从而使之完整。由此，我应该承认，可能是我的双语教育使词义相对化，从而导致了某种怪癖，如果人们能彼此理解，那就不会令我对自身感到困惑了。

第二个常用词是“残疾”。我经常使用，而且有很多人鼓动我这么做。而另一些人，则有正当的理由向我表明为什么最好避免使用这个词。残疾这个词在我看来，有两个优点：一方面它能在具有十分类似特征的人的庞大体系——自闭症中有所发展，失聪和失明是完全不同的两件事，然而，在会议中，自闭症患者、聋子和盲人围坐在同一张桌边时会更受到重视，自闭症患者能享用专为其他残疾人准备的技术工具，不过多亏了他们相对被排斥的处境，能建立起一定的社会联系；另一方面，行政部门可能只有通过“残疾”这个词才能承认自闭症，给予其权利，而这种权利在很多时候仍旧是理论上的。

由此，“残疾”没有解除完全适合自闭症的解读障碍。表面上，解读障碍是一种极端人道主义的看法：人类，残疾的或没有残疾的，在人的尊严上是相同的。只要运用辅助器械，残疾人可以获得与非残疾人同样的价值和同样的效率。在这点上，没有什么更高尚的东西。但是自闭症这种情况，辅助工具的运用要更加复杂。为了说明这点，来看这样一种情况：如果一台电脑功能不全，人们可以通过添加打印机和尖端的外围设备等来“提高水准”。然而，尽管如此，如果电脑的功能还是紊乱，该做什么呢？如果添加了一台、两台、三台打印机，给主机套上皮套，芯片仍然无法像规定的那样运作，该怎么办呢？就自闭症患者的情况而言，设想一下，完善的省级残疾人之家（MDPH）配有各种类型的残疾人辅助器械。有运动机能方面的残疾人，还是可以驾驶汽车，整理办公室。但是有精神残疾、心理残疾、认知残疾的——太多了，不知道该用哪个词——该怎么办？即使记录者具有良好的语言表达能力，也很难正式用明文记录确切需要什么来帮助这样的残疾人。设想我是个糟糕的企业主：如果我建立一家企业，企业破产了，于是，我向MDPH申请补偿，但是到何种程度我才能这么做呢？毕竟社会上有很多糟糕的企业主。这是否意味着所有这些企业都可以合法地申请补偿？什么是确实属于残疾的？同样的，让我们更深入地来看待类似问题。假设MDPH为我失败的生意向我提供了全额补偿。我可以说，我有可能成为大银行家，但由于自闭症，银行事业行不通，于是去申请相应的补偿。假设补偿被批准了，这份补偿真的可以弥补我的残疾吗？不能。我的银行账户上可能有了钱，但是我的生活还是一样的，还是同样难以接近他人，去做这事或那事。当然我们不要忘记，没有一个MDPH会做出这样的补偿。

我时而怀着开玩笑的心情想到“疯狂”这个词，并把这个词比做自闭症。提到“疯狂”，我能想到的当然还有《愚人船》这本书，它对我的个人经历有很大的影响。我坚持把这本著作看成是一种特殊的现代性著作，包括阐述这种现代性的丢勒的雕刻。随后是福柯的著作。总之，提起疯狂，就会想起许多美好的回忆，而提到“残疾”只会令我想起白色工作服或要填写的表格。

此外，《愚人船》这类书蕴含的所有财富在于对于疯狂没有十分明确的定义。其表达了一种对世界的看法。在《愚人船》中，有一些短章节，它为每种类型的人设立了小标题，从而最终囊括了所有种群，当然也包括作者自己——塞巴斯蒂安·布兰特在此书的开头隆重地登场，他把自己描述为in utroque（即两种法律的）博士，结尾处的最后一句诗写道：因为我是疯子塞巴斯蒂安·布兰特。多么智慧的行程！有一段时期阅读这本书就是我的幸福。

再来列举另一个经典，伊拉斯谟的《愚人颂》，我对这部作品也有各种层次的阅读，这是一种属于那个时代的写作风格，那时可以把引文贯穿起来，表面上，这些引文在我们看来纯粹是卖弄学问，因为看不到背后的意思是什么。事实上，比起引用某个作家的话，没有比提及某部现正在上映的电影更显得卖弄学问了。

文艺复兴时期的这些书，其中有许多提及了内心旅行和外部游历，两者间的区别是很细微的，都可以指代人群中、习俗中、生灵中的一种穿行。如今，没有人再写类似的书了。如果偶尔拿一本最近出版的关于疯狂的著作，比如关于自闭症鬼魂的困扰，把这两个不同时期的作品比较之后能说什么呢……我们在技术层面上获得了各种分类，但是我们却在途中迷失了！总之，成为正常人是很悲伤的。我更喜欢疯子的陪伴。愚人船已经出发了，被留在岸上的我只能幻想最美丽的彼岸。

第8章

社团生活：自闭症的终极阶段?

尽管没有明确规定，但是若被人们认为属于少数团体的成员，无论真假，都可以使用某种用语，而这种用语如果出自一般大众之口则会受到斥责。顺便说一句，这个奇怪的现象表现出一种刻意分类的情况，从而再次涉及了身份建立的一系列问题。我不认为那些自闭症患者社团的内部人员应该常用“语言特权”，至少和其他社团的情况相比是这样的。然而，我听说过一些笑话，当然不一定是最有趣的笑话，但考虑到所涉及的主题，这些笑话并不缺乏真实性，比如关于自闭症和政客。我可以说，由于普遍的偏见而被归咎于自闭症的许多不当行径事实上适用于“自闭症的小世界”，用我们能够理解的说法就是所有那些涉及自闭症的情况，尤其就社团而言。

换一种说法，有人对我说过，在法国自闭症关系到两个悲剧：不了解的悲剧，和了解的悲剧，前者是一般非敏感社会的排斥，后者集中了自闭症患者社团和专业活动的许多怪癖。

还是相同的想法，但是我以更为挑衅的形式说了出来：哪里遇到自闭症患者的可能性最小？答案是在关于自闭症的组织活动中。除非“自闭症患者”这个词有不同的定义，比如今后它会涵盖几乎所有的活动出席者。

重述忠告的最终方法有点像但丁的地狱入口口令：我有一位女性朋友，是年轻的心理学家，她选择了在自闭症领域十分有名的某社团作为研究实习地。几个月后，失魂落魄的她给我打电话来求救——这是一次有趣的角色颠倒，我不止一次目睹了这样的事情。类似的心理剧之后仍在不断重复着，如今她指出，回想起来实际上她的愿望得到了满足：她想要做一个关于心理病理学的实习，她得到了必需的东西，甚至更多。但除了一点，在社团内部她首先接触到的不是精神病患者。

老手和同路人：一场杀戮

每一场战争都有“面部负重伤的伤员”。关于自闭症的小争执具有一种令人担心的流动性，但是据我所知，这种流动性从未引起过来自“上层的”疑问，如果类似阶层真的存在的话。方案经常是一样的：媒体，一个社团或一个兴趣小组好不容易找到了一个年轻人（必须是年轻人，没有人会对成年自闭症患者和上了年纪的自闭症患者感兴趣），他们在这个年轻的自闭症患者完全没有准备的情况下就把他推至台前。人们大量地谈论他，随后他消失了。没人担心他怎么了。大部分情况下，唉，他不再愿意与自闭症或社团有任何关联。不用给出名字，只需要回想起最近几年甚至最近十来年中出现在媒体上关于自闭症的伟大时刻，并试着问自己，这些人去哪儿了。人们可以把他们命名为“面部负重伤的伤员”。

另一个词，可能不那么令人沮丧，即“同路人”。这是一种精神状态而不是一种身份， 我暗暗地期盼自己有关身份的困扰能有个解决办法，这种身份困扰震撼着自闭症的小世界。演员的身份是非制度化的，间接地包含于结构的游戏中。即使这个类型学没有雏形，还是可以确认这种方法在法国自发地被大部分参加社团活动的自闭症患者所使用。在某个社团投入大量时间的成年自闭症患者在社团里几乎不为人所熟悉，这类社团在规模上远胜于只有三四个成员的非正式团体，尽管在最近几个月中有一些不同的迹象，但仍需要时间来证实。

在我的个人心理层面上，“同路人”这个词令我想起上世纪六七十年代一款没人知道的过时香水，这个词被用来指那些脱离党派的少数人。我的脑海中再次浮现出一些因时间而褪色的巴黎知识分子照片，如今已经没有人知道这些知识分子的名字，他们总是摆出一成不变的呆板姿态，手放在红色小丝巾上，红丝巾配上衬衫十分显眼。而当时那个著名的可怕问题：“你的观点从何而来？”在某些小团体中还有人提这样的问题。在关于自闭症的正式会议中仅有两个实际任务——一方面介绍新的官方对话人，一般来说这个人对自闭症毫无兴趣，和其他的与会者一样，他知道下次会议他就会被替换；另一方面是再次见到自闭症患者中的社会精英，总是同一群人——听着他们宣读自己的名头和职务，只需邀请他们“出席”便可完成任务。还是重新回到这个灾难性的问题——“你的观点从何而来？”“同路人”是其中少数的（非）答案之一，这个回答能够保留一定限度的自主权。

诙谐者、小丑和自闭症患者

事实上，针对这个著名问题有一个好得多的答案。这是最近遇到的一个人使用过的一个答案，对此我未曾想到过，唉，说真的我不能使用它：“操纵木偶的人”。总之，如何更好地认识自闭症世界的本质，而不是再次将马戏团艺术中的首要位置赋予它？

固执的念头和小丑的角色让我一直无法操纵木偶。正是在演绎小丑这个角色的过程中，我获得了最大的成功。想象一下这个舞台：在十分漫长的一天里，你坐在一张有软垫的扶手椅上，听着被邀请前来演讲的教授和医生冗长的无聊报告，他们去年也在这里，这事儿虽然没言明，但是大家都知道，因为他们的联系人就是填满组织者社团钱箱的人的表兄弟，钱箱由朋友的阿姨主管，而其账户则由那位的女儿的丈夫做担保。你必须保持严肃，你不能明说你所等待的只是一切结束的那一刻。为了这一刻你已经等待的太久了，终于演出最精彩的时刻到了：就在大厅的门终将打开之前，角斗场的护栏微微打开，霍屯督人的维纳斯入场了，对不起，确切地说是正相反，根据主持人的说法，他是偏瘦的“自闭症学者”。

你放心，我了解自己的（滑稽）角色。我知道，疲惫的人的乐趣只会维持几分钟。因此必须要简练。这事儿来得很巧，研讨会的组织者只留给“约瑟夫的证词”一点儿时间，这是日程计划中的最后一项。现在是俏皮话时间。这个时间段尤其不该解释关于所涉及主题的观点——这是专门留给学者的，他们相继站在讲台上，发出一片斥责之声。讽刺的是，我认为，其中最精彩的是不相关的话题，这些话题在语法上不连贯且毫无意义。听众是否从中听到了一些深奥的发言呢？自闭症患者的病理学证据？其伟大智慧的迹象，通过与无法上台演出的对比而显现出来？不重要了。人们会感到高兴的，人们会称赞你的言论，人们会用力地拍打前臂尽头的双手（任何节目最令人紧张的两个时刻）来制造声响。如果有点运气，你能报销火车票，有时，几块硬币会填满你空空的钱包，品尝一杯“味道极好的巴纳尼亚”即冲巧克力粉是完全应得的。

对于自闭症的两种看法

嘘！所有这一切不能说得这么粗鲁，应该以另一种方式重新提出来，以便让这番言论得以为人们接受，并且“质疑其认识论的基础”，如同人类科学术语所说的那样，还要让它“确定面对面协同的相互作用，并且积极领会正在进行中的整体变化”，就像在巴黎政治学院，当人们不知在说些什么时所说的那样。换一种说法，现在该轮到我用不那么有趣的方式来陈述为什么我说至少能提出两种对于自闭症的看法。

第一类看法可以被称为科学的观点，它出自相关权威建立的观点。其文章发表于专业期刊。它们与众不同的特征是，充满了缩略语和附注，对于大部分读者而言这些文章是难以理解的。甚至有时，当你用文章自身的观点当面询问作者本人时，他也无法解释清楚。人们从中学到的更多是某种线粒体面对某种分子是如何反应的，而不是如何去陪伴或帮助一个自闭症患儿。

第二种看法是叙述者非科学性的观点，那个叙述的人——我要说的是爱讲故事的人，兜售故事的人或身兼巫师、乐师及诗人的非洲黑人，但这可能会引起误解。经过深思熟虑，这两种说法在我看来并非如此不同。可以从这样一个事实说起，即它们两个通常都不可能被混淆，每个都肯定了一件事情及其反面。它们的词汇的确非常不同，完全像被实际处理的次问题。相同的语调，前者说来就要枯燥得多。由此，我不认为当两者在一起时使它们对立起来是正确的做法。我再次想到了那位语言学家朋友，他也是方言学专家，他曾说过：由生活在乡村的身材矮小的老年人所叙述的故事和学院派的文章，表面上两者之间的区别是极大的，然而，学院派文章却来自乡间老人的日常交往、倾听和对话之中。一篇关于方言学的研究文章如果完全撇开所研究的方言，就成了疯子的胡言乱语。唉，方言学和自闭症学科之间有许多类似的情况。

业余爱好者和职业生涯

确认这两种看法中哪个是我的看法，这么做毫无用处。换种做法也是一样的，因为我从未研究过自闭症或心理学，抑或类似的领域。

这导致了几个多少有些好玩的趣事。有些人认为，我阅读了所有相关的书籍，于是他们向我提了一些问题，当然我无法回答这些问题。另一些人，可能是为数最多的，他们怀着如此坚定的信念认为我阅读过许多相关书籍，以至于他们甚至没有一开始就去证实他们的猜测；随后便发生了这样的事情，即一些认识我的人，而且交往已经有一些年头了，拐弯抹角地从一次对话中得知我从未阅读过有关自闭症的书籍。在经历了第一时间的惊讶后，他们认为要不是误解了，要不这就是一个玩笑，他们感到十分气恼或者陷入狂怒。

还有另一种对我不满的原因，来自一个特殊的人群，即撰写有关自闭症书籍的作者，可以称他们为热衷于自闭症研究的专业人士：意识到我和他们没有共同的兴趣这一事实令他们极为不满。有些人经常被意愿所驱使，有时（但是不应该对他们这么说）他们自己也有一些自闭症患者的特征，他们把最好的时光都花在阅读有关自闭症的书籍，参加测试等等。对于他们来说，人们不热衷于作为学术科目的自闭症，这让人无法理解。一位老师，他也是我的朋友，他是许多关于自闭症科学出版物的作者，他每次都要求我参加某个测试，看看我是否能通过；当我拒绝时，他会非常困扰。其实我们上次见面时，我给了他相同的答案，但是显然这个事情要不被忘记了，要不被抑制于那些荒谬的、不现实且不可信的记忆中，从而分离了过去与现在。

另一些人，当然为数较少，他们明白问题所在，也愿意帮助我不再只当业余爱好者。他们经常十分友善地建议我去阅读某部著作。多亏了他们，我才能发现一些十分罕见的有关自闭症的著作。从而我能够在非常需要的情况下面对公众说出两三个书名来显得有学问。

事实上，变得更有学问一些可能对我而言十分简单，至少表面如此：我必须利用长假来阅读一堆关于自闭症的书籍，给流行的作者做几个记号，记住几句关键句，由于这些句子一般没有人懂，于是便被认为是最不容置疑的，随后，由于我在这方面所具有的卓越知识，我必须在这项事业上取得成就。

这个变得智慧的过程可能伴有一个额外的领域：如众所周知的那样，自闭症患者要经历许多内心斗争，其中不乏心理/反心理的小争执。赫拉克利特曾在其著作《片断集》中说过——要是我曲解或简化了他的思想，我会为此而感到遗憾——冲突，即万物之父，使有些人成了国王、奴隶或自由的人。自遥远的年代以来，什么都没有改变。因此，就像我的一些朋友那样——除一两个特例之外，主要是一些非自闭症患者——应该临时充当将军，吹起冲锋号，希望即使没有获得最终的胜利（我们要承认这对于军人而言是个灾难，因为他们被剥夺了存在的理由），还是能带领几个旅的部队上战场，并且希望被晋升为军官。有时，由于缺乏具体的敌人，远征会陷入困境，或是转变为低级趣味的滑稽剧。战舰波将金号上最精明、最著名的士兵会自己制造纸靶子，或者像毛泽东说的纸老虎，人们躲在它们后面假装使之咆哮，此类闹剧可以持续到下次下雨前。这是我最喜欢的表演。

标签，身份

我认为，科学的研究方法和我的研究方法之间最明显的区别之一在于自闭症领域内的标签问题。医生和研究人员区别各种次类别。术语非常丰富：凯纳自闭症、传统自闭症、缺陷型自闭症、被称为高等的自闭症，以及阿斯伯格综合征。别忘了还有最有趣的类别，即无特征的自闭症困扰。该怎么理解呢？当诊断自身被其否定时，这是对病人困扰的诊断，还是医生对被巧妙掩饰的失败的承认？莫里哀已不在了，多么令人遗憾啊！然而，就某种程度而言，这是唯一有效的诊断，鉴于我们可能集体地被诊断为“不合格”。

无论如何，面对划定界限，以及过于严密的次类别，我总是感到某种不安。大部分自闭症患者同时属于两个甚至三个次类别。次类别根据学术模式而有所变化，甚至每个医生的个人脾气也会对其有影响。术语从来都不是中性的：比如，“高等自闭症”，短语“高等”首先要求“低等”的存在，总之就是比自己更蠢，也多亏了这个词，有人觉得自己高人一等。短语“高等”译自英语“高功能”，这个翻译本身就值得商榷，其实可以将它表达为“很好地摆脱困境”。把它翻译成“高等”体现了一个文化领域，很大程度上是从教育思维状态中抽取出来的，它似乎完全显示了法国的现状。为什么自闭症必须遵循这些适宜于理论家的文化分裂路线？在英语国家中，人们会采取更加实用的方法，比如，唐氏综合征患者从童年起便有机会参加一些实用项目，从而以后可以融入社会，甚至上大学，这一切才刚开始，患者就是其本身，不属于任何类别。不是因为他们的特征必定起因于某些基因的排列，或者在唐氏综合征中有某种限定的类别。所以，在自闭症领域内英语术语的使用，即使之后伴有法语的翻译，也不应该由此推断一个医学类别便自动存在了。

关于分类所呈现出的多变现象，其实是正式分类本身的变动。DSM，即精神困扰的诊断手册，它来源于美国的精神病学家，有人预测在诊断手册的下个版本中阿斯伯格综合征将被排除在外。自闭症将以另一种方式被重新划分。这一切自然引起了冲突和不同团体之间的利益斗争。在美国，社团和职业人员，如今为了保持“阿斯伯格综合征”的称呼而做着斗争。一些患有阿斯伯格综合征的著名人士反对拥护身份的相对化。

以个人名义而言，术语问题总令我想起那次国际天文学联合会的天文学家代表大会，2006年大会决定，冥王星不是一颗行星。我不知道所涉及的天体会有什么反应。可能这不会影响它的实际处境。美国精神病学家协会以某种方式命名某种症状，把它和某种其他症状合并，并且把它置于被称为这或那的一个标题下，这种做法完全合理，但对于个人身份有什么改变呢？再来看看行政问题，以便了解在正式表格中该在哪个格子里划勾；但是此处，我不认为美国精神病学家的投票对于需要划勾的格子会产生影响，或者确切地说对于格子的缺席产生影响。

总之，我一直非常不信任“格子”，这是一般的叫法，我总是很难让自己认同——为了说得挑衅些——唯一的诊断。我不认为，人们可以把人类简化为一个诊断，无论这个诊断真实与否。人们是否有权说，比如“癌症先生”？相关的协会抗议这种语言的滥用。让我们不要以自闭症为借口而曲解其本意。

有多少自闭症患者？

自闭症有其特殊之处，不仅在于它的分类，还涉及它的患病率总数。这不只是一个关于分母的问题。几十年来，出现了各种数值，从最低的比率，比如万分之一的患病率，直到更高的比率。对患病率的共识可能是暂时的，现被基本确定为1/150或1/166左右。但是已经有一些团队，尤其是英国方面的，提倡将患病率升至1/80，甚至更高。每份数据都来自于一项研究，可以这么说，每份数据都被某个团队所使用。荒谬的争吵在数据持有者之间愈演愈烈，比如，支持1/150的和支持1/166的。

显然，在这种数据浮动的背后有一定的奥秘。流传最广的解释是求助于论文，由于运用了以前的统计数据从而导致了对自闭症严重的低估。然而，最近几年，好几项研究探索了自闭症患病率的实际增长，每项研究都发展了各自的解释途径，从疫苗的影响到其他种类的污染。目前，在法国，还没有权威性的研究。

我可以作为观众来参与许多关于此类主题的讨论。我不认为这么做是必要的。在我看来，它更多地反映了蕴含在分类中的先决条件，更强调分类的标准，而不是现实。自闭症，作为必须建立的医学或社会类别，不能完善地反映现实，因为一种含义丰富的定理在缺乏可靠证明的情况下，人们没有任何理由相信现实会屈从于我们的精神分类。

对于自闭症的基因起源、社会起源或其他起源问题也是一样。遗传学，社会学，如同其他学科一样，本身并不存在，但却产生于大学院系缓慢的重整化、研究人员之间各式各样的竞争以及最终的政治得失。为什么要让现实遵循由大学研究人员所划分的界限？事实上大学研究人员的表现更加非理性且更具波动性。这个意见不意味着普遍的相对主义，更确切地说是在我们使用知识的过程中和对其界限认识上的一种谨慎。

其他关于数据的争吵，难得一次比之其他的英语国家，在法国类似的争吵似乎没那么激烈——在自闭症威胁中男孩和女孩的比例。相关数据之间的分歧还是比较大，从12个患病男孩对一个患病女孩到男女比率完全相同。尽管我没有精确的数据，证明此类观点的著作，尤其是英语著作，在我看来大多数是由女性发表的。面对来自研究实验室数据之间的差距，可以相信其中存在着隐蔽的细节。从中可以看出，存在一个更为普遍的社会考量影响的范例，无论愿意与否，自闭症就身处其中。显然，即使至今我从未听谁说过这样的话，即当人们积极地评价自闭症时，自闭症不可能是男权主义的，也不会戏剧性地给予男性优待而不给予女性。自闭症均等分配的支持者推进了不检测女孩的理念：患有自闭症的女人更易融入大众，她们要么被临床医生所忽略，要么由于其特殊性而不为人所知。由于缺乏一些要素，我也无法得出一个有效的答案，我只能强调把更为普遍的社会考量纳入自闭症。顺便说一句，这是“自闭症患者星球”和“地球”之间一个神秘的非分离证据。讨论开启了一些有趣的展望：自闭症是否应该作为医学的特殊情况，还是作为社会困扰来定义？换一种说法，自闭症患者是否可以不具有任何明显特征，不会造成任何社会混乱，类似于苏联精神病学中“没有表面疯狂迹象的疯子”？如果自闭症首先是没人看见的神秘火苗，怎样可以确认这个火苗被作诊断的人发现呢？不要把论据推向极端，自闭症是否会是一种内心的信仰，有点像定义基督徒那样。这样的论点在法国会引起轰动，但在美国它由一些人明确地提了出来。自闭症患病率的增加可能与此是不相关的。

相反的，如果以社会标准为重，即个人在社会上的失败，自闭症将变成那些被排斥在系统之外的人的新名称。最令人不安的是，对于所有的残疾是一样的：由于一些神秘的原因，甚至那些不是归咎于生活方式的残疾，以及那些可客观计数的残疾，残疾的患病率在条件差的社会阶层比在情况相反的社会阶层中要高得多。我们的概念类别不是封闭的，也不可能如此。

以一种稍显挑衅的方式来说，如果以社会标准为重，自闭症会和明确的社会承诺与实际情况之间的差距有关。如果社会承诺幸福、长寿、健康、高工资，而我什么都没有，如果自闭症是由社会纠纷所定义，那么我如何能不那么自闭呢？

这些痛苦的问题在这里没有得到任何答案，而只是刚刚开始显露。这非常令人遗憾。但是当几乎没有人讨论这些问题时，该怎么办呢？这样做可能更安逸，即把自己局限于自闭症完美医学表征的观念里，而不是在流沙中冒险前行，在这个过程中自闭症被公认为是社会的反映，体现了它的得失及其问题。

一段沉重的过往

见鬼！如此异常的评论是从哪儿得来的？此刻正让你担心的问题可能就是这样的。这个问题是合理的，但我不知道它的答案。可能在接下来的叙事中，你会找到必要的因素去分析我那幼稚的狂热，如同人们常说的，带着一丝嘲讽。

很久以前，当我的大脑还在饱受安定药片残存的影响时，一个社团要我参加一些有关自闭症的见面会，第一次见面会尤其令人恐惧。当其他人在说话时，我坐在一个角落，全身僵直，相信只有时间突然加快才能拯救我。

见面会在巴黎的一家餐馆里举行，对我而言这原本就是个困难的环境。为了进行对照，几个标志性的因素可能是有用的。有时我的话很少，曾经有一个时期我大部分时间都是这样的，在几近陷入失语之前，沉浸在对消失世界的回忆中——这就是我在高智商社团的经历。在我逗留德国期间，2000~2001年，我参加了门萨国际协会的录取测试，这个协会聚集了一批属于或自认为属于智商分数位列前2%的人。你要明白：最聪明、最具天赋且又谦逊的人，地球上还从未出现过这样的人。我在德国只待了一年，主要是为了满足我上网的活动。我唯一的非虚拟活动是出席法国门萨代表大会，并在大会上保持沉默。这是一次十分令人紧张且令人受伤的经历，几年后在我和自闭症社团最初的联系期间，这段经历成了我唯一的相关参考。

让我们再来讲讲餐馆，对许多人来说这是个愉快的场所。如何让人明白，对没有什么社会交往能力的自闭症患者而言，这个场所代表了什么？进入餐馆已经是一个挑战了。你来到建筑物前，当然，是在已多次迷失于你出生的城市街道之后。你对自己说："我进去还是不进去呢？"顾客和服务员，进进出出，穿梭往来，一切就这样持续着。哪一秒钟我应该推开门？有人对我说过10点钟在那里碰头——但是"那里"是指餐馆门口还是餐馆里面？我能提前五分钟到吗？还是五分钟之后到？在这种或那种情况下别人会对我说什么，我又应该怎么说呢？

当你最终推开门，你必须找到为这件事而来的那群人，比起大部分迟到的人，这个任务对我来说要复杂得多。于是你徒劳地寻找那群人，而这样做只会增加紧张感，同时也让任何合理的行为变得可疑。

当你面对这群人时，你该说什么？大家都在讨论，你却谁都不认识。是否应该静悄悄地融于其中？还是打断别人？如果是打断，该使用什么惯用语？他们的秘密会谈是不是有关会议的闲聊，或者是类似开场白？有时两者之间没有明显的区别。第一次经历是非常复杂的，但如今再这么说也是没用的。

但是我慢慢学会了一些东西。在第二次和第三次会面的时候，我提问了，在会议中说了一小句。随后，很快有人要我做一个关于自闭症的介绍。我认为，这有点像被人推进了水里，但我完全不是一个习惯在游泳池游泳的人。

我的第一次参与被拍摄下来放到了网上——不是我做的，当然也没有得到我的许可——这段影像被保留了一段时间。在谈论自闭症的同时，我也不得不去探索自闭症的世界。我见到了这个小领域里的那些伟大作家，他们也在同一天参与了活动。

事情没有立即变得复杂，因为其中掺杂着许多得失。在会议结束的时候，总有些人会跑过来看你。你对他们说什么好呢？对于他们的赞美你该如何反应？在一个关于自闭症的介绍或陈述中会涉及很多方面。有时此类介绍会陷入吹嘘：在我看来这是最不困难的时候，因为当人们对要叙述的内容形成了近乎明确的想法时，无论是关于土库曼斯坦东部土豆的种植还是关于自闭症，最终都可以通过自己所准备的内容来发言；我曾经在巴黎政治学院有过这方面的练习；甚至当我还是孩子时，我的父母就让我谈论天文学及其他主题。我已经养成了一定的习惯。

最困难的是讲座之前和之后。会议之前，因为你应该前往某个地方，面对与他人的交往，而且通常是不认识的人，他们期待从你的谈话中有所收获。一些满怀善意的人尝试通过一种只会增加紧张感的方法来减轻你的紧张。为了让他们高兴，你必须假装这行得通。你心想：我可能比预期表现得更反常，因为被认为可平复紧张情绪的那些方法和短句对我没用。

其他问题：你应该在几点钟、通过何种方法正确到达目的地？比如，19点开始的讲座，其中属于你的实际出场时间有多少？我忍不住要说一件小趣闻。有两位要采访我的记者，其中一个在13点58分40秒跑着赶来。另一个记者已经到了，他开玩笑地对刚到的记者说："啊，今天你提前到了！这不是你的习惯！"而我，他们要我必须在13点30分之后到。是否应该理解为，为了成为店里的常客，就应该无视店里的指示？讲座从来不会准时开始。因此如果理论上的开始时间是19点，可以在19点15分到，甚至更晚。

即使我能够早到，我也不会努力提前点到达，这样可以显得有些神秘感。我开始就是这么做的。但结果是，我或是发现大门紧闭，那时我就会坚信自己忘了或搞错了地址，或是被人围住，并要求和我进行非正式谈话——似乎如今我越来越会谈话了，但是几年前并不是这样的情况。

其他的问题：包里该装些什么东西？起初，我几乎什么都放进去：三明治，饮料，两把雨伞，因为第一把可能会折断，依此类推。表面上，你配备得越多，就越有益处，除了一点，超重的背包可能会造成许多烦恼。

讲座期间，我不像以前那么焦虑了。表面上看，是件好事，但是我觉得自己应该受到谴责，因为我对自己说，在道德层面，讲座开始前应该感到焦虑。不感到焦虑大概是因为我不在乎，或是没有严肃对待别人的期待。我有这类担心和不安。

讲座之后，另一个时刻来临了：你可以几点离开？你可以丢下想要和你说话的那群人吗？最好是你有一张火车时刻表，这给了你一个绝妙的证明去拒绝他人。但是情况并不总是这样。

另一个要考虑的参数是出席人数。给10或15个人做讲座和给几百人做讲座是完全不同的。人的行为类型会随着人数界限而变化。第一个界限是不科学的，我完全是靠经验来确定的，大概是25或30个人；在这种情况下，人们还感觉自己是个体化的，这可能造成一定的不安，因为当他们提问时，我会首先评估其他与会者的看法。另一个界限，最高的界限可以定在150人，也可以是200人，超过这个界限，就进入了大众见面会的系统，甚至明星体系。

在这种情况下，就不再会出现实用性的问题，总之，我觉得人们不再关注所讲的内容，却更注意那些玩笑话。当与会者不多时，有些笑话达不到效果，比如关于底层政治人物的笑话。当面对坐满人的阶梯教室，这恰好是大家会产生反应的场合。一个政客做演讲期间，当他说一些空话时，比如“法国万岁”，正是这个时候，会产生最热烈的掌声。长期以来，我对于古斯塔夫·勒庞的论文抱有怀疑的态度，他是一个已过时的社会科学创始人的拥护者。如今，我自己寻思着，就算他在很多方面犯了错，但在吸引人们去关注可观察到的现象这个方面[1]，他是有功劳的。至于我，当我离开某个会议时，我会对自己提一些问题。我觉得

1 尤其是疯子心理学。

自己没能建立起一种人际间的联系。

为什么要继续做讲座？

这就是问题所在：总之，为什么我去做讲座？我感到十分不安，因为我没有极具说服力的或者唯一的答案。对致力于研究自闭症起因的必要性缺乏激情，我认为，可以在微观层面、在由发起活动的具体机制中去寻找答案。

举个例子，如果我收到一封电子邮件，一位先生在信中对我说，某日可能有一场讲座，如果我真的不能前往参加，是因为那个时间我正好有其他必须要做的事情，我就理所应当地拒绝。但是，当我翻看日历，那天奇迹般的什么事也没有，我就觉得应该接受邀请。或者至少在我能力范围内，我永远不会轻易地回答“不”。我从未试着这样做过。这似乎是生活中的重大抉择，即吹嘘有关自闭症的话题，这种做法确切地说是由一系列的短暂时光和习得行为构成的。这的确不是最佳的选择，因为在一年中的有些时候人是十分疲惫的。尽管如此，我暂时还会继续做讲座。

很难提前知道一场讲座是否会愉快度过。这取决于一些因素，理论上说，这些因素是无法预见的。以普遍的规律来看，人越多，就越困难，越令人失望，总之，我之后感受到的沮丧就会越加强烈。比如，与国家教育部的专员谈话时，某个主题会占据主导位置。自闭症患者的父母经常有一些十分具体的问题，通常我无法给出任何答案。由积极分子组成的公众经常更难对付，总会提一些有关自我的问题，每个人都在评估、挑选、分类。政治观点是很敏感的；建立友好或热情的联系更是异常的复杂；可以建立起共同奋战的关系，但是为此必须遵从联盟的规矩，并且分享与指定敌人斗争的意愿。

然而，主要的问题仍然没有答案：为什么人们愿意花几个小时来听我的讲座？一直坐在那里听某个人用单调的声音、缓慢的叙述方式来讲述一些小故事和个人的妄想，这应该是非常令人不快的。对我而言，其中的原因是很神秘的。

当记者介入其中

这不是全部。由于我表现出的积极态度，我曾被拿来和自己完全不了解的一类人——记者作比较，这是我最初从未预料到的事情。这始于一段记忆，我参加的第一个电台节目，2007年初，阿利格电台的一档节目，这是一家小型社团电台，工作室隐蔽于巴黎的一栋建筑物内。那段时光加深了我对社团电台的同情，这些电台是由一些对电台收听率漠不关心的爱好者经营的，混乱的电台工作室本身就是一座无意识人类的博物馆。

不久之后随着另一种类型记者的到来，即电视记者，事情转变成了骚动。他们一般结对出行，就像旧时的清洁派教徒。一个人拿着一只管形的小话筒，放在你的嘴边，另一个人拿着一个更大的管形摄像机，通常架在一个三脚架上，它会使人疯狂。于是对异端分子的审问可以开始了。

在两年中——2007年11月至2009年11月——我几乎上了法国所有的电视台。感觉似乎已经是很久以前的事了。清洁派教徒兄弟俩激起的热情犹如昙花一现。这些节目带给我的几乎只有烦恼：大量的时间投入，很大的压力，而得到的回报则是许多人的嫉妒、流言和对抗。我的失望之一在于人们记得我的外貌，却几乎从不记得我所要传达的信息。无论是对于大街上的孩子还是街角的汽车修理工，我成了“电视上的明星先生”，几乎很少有人谈论自闭症。另一个使人悲伤的事情，是我了解了媒体领域的内幕。最重要的或最显著的还是电视媒体所表现出的迷惑力。有一次，在为电视台做的一次访谈中，有两位记者陪着我在大街上。过了一会，我觉得精疲力竭，于是对他们说，我要去面包店买点吃的，以便提高我的血糖含量。面包师傅对我表现得非常冷淡，可能是出于习惯。在我吃面包期间，我的两位朋友终于也忍不住走进了面包店来买些吃的。就是那一刻，可悲的奇迹发生了：面包师傅对我的态度完全变了，他再三地问我：“你叫什么名字？你住在哪里？”他一下子就用“你”来称呼我了。然而我在一两分钟内几乎没什么变化。为什么会发生这样的情况？我终于明白了，这是多么非理性的事情啊。此外，这的确是十分令人混乱的见习经历，但这是必要的，否则我可能永远不会有这样的经历。

还有其他的见习经历。我要试着讲几个小故事。其中一些可能被认为已经“解决了”，即我大概明白了故事的寓意，但另一些仍然是个谜。每次上电视后所引起的奉承反应便属于第二类故事。但是我很难了解，该在一两分钟的电视节目里说些什么来赢得关注，何况通常选中的片段要经过剪辑，而这个片段在你看来则是最令人失望的。因此，当有人对我说我在电视上表现得很好，我犹豫是要坦诚地否认，还是伪善地感谢他人的赞美。另外还需要找到合适的表达方式，而且不能只是一句套话。

另一个关于出租车的故事也十分令人痛苦，但是结局完满。这个故事在几个月内一直萦绕在我的心头，让我十分惊慌。我要去参加两个节目，一个是由德拉吕制作的节目，另一个是同样现已不在的直播8频道，它们的共同点在于都让受访者坐出租车去电视台。因为我过于紧张，并且节目要求主持人通过一些事件来进行之后的拍摄，最终前者的节目没能做成，而我的怯懦则由此得到了些许的缓和。而后者的节目则在很长一段时间内使我很焦虑。我设想，这个负责人从未考虑过她让我坐出租车来的这个决定会使我感到困扰，尤其她的原意是要给予我方便。我徒然地试想可以避免这种情况的策略。并不是出租车本身令人不安，因为我曾经和父母坐过好几次出租车，而是想到每次都为了舒适或赶时髦而打扰别人让我不安，此外使用公共交通就可以便捷地到达拍摄场地。但具体该如何打车呢？出租车该如何让我知道它就在那里？如果我没有听见内线电话怎么办？如果，如果……最终我找到了诀窍：得知我认识的其他人也要去那里，我便去他们家，当出租车来接他们的时候，我就和他们一起坐车过去！

如今，这一段经历已经结束了。很久没有人再在大街上认出我了。我感受到重拾平静的快乐！在社团领域内我不再有任何正式的职责。即使我在一个不确定的期限内继续准时参与某件事情——讲座，以及阿斯伯格综合征之友协会的聚会和其他活动。作为同路人，我缓慢前行着，等待着无法预料却不可避免的这一刻，那时，突然间平行疾驰的火车要分离了，从火车上看出去，几秒钟之内我便再也看不见长时间陪伴我左右的那些人了。

有关法国自闭症情况的一些思考

在法国，自闭症就是一出悲剧，但是谁或是什么造成了这个悲剧？自闭症是否是抽象的实体？在宇宙中有很多星系，那么是否在某个地方也存在着一颗昏暗的“自闭症”行星，它在宇宙间闲逛，并把它的光线投射到了地球上？

当人们费力研究自闭症患者世界里的真实悲剧时，很少有人直接把自闭症当做被明确限定的实体。如果一个自闭症患儿被退学，这是否是自闭症造成的悲剧呢？如果一个自闭症患儿在每次课间休息时都挨打，这是否是自闭症引起的悲剧呢？让我们与女性主义的斗争做一个平行比较，女性主义者捍卫这样的想法，即不能说一个女人是因为其外表而受到了强奸。这个比较可能有些不可靠；然而，我认为，如果一个孩子，无论是否患有自闭症，他挨了打，于是这件事归咎于自闭症，或归咎于他的自闭症，这种说法是很过分的。

根据我听说的情况，在美国，打击毒品的计划是告知吸毒者这样的话："我和毒品之间没有什么问题，我有问题是因为我吸毒。"为了摧毁和解构抽象实体的神话，它能超然地解释一切问题。我认为，在自闭症领域就像其他领域一样，由于不断地说：自闭症患儿被排斥，人们最终相信自闭症=排斥。一些极其粗暴且非人道的机制正在运作之中。一个患有自闭症的孩子受到了实际的排斥，因为他的某个同学觉得这个孩子非常"奇怪"，就像在英语口语中说"午餐"时会省略几个音节。这种排斥不是由于"自闭症"实体的行为。

同样应该理解这种排斥的发起人。尤其在英语国家进行的种族主义研究中表明，这些发起人既不是什么犹太人问题的高级专员，也不是某个长着两个大角和凶猛舌头的、被誉为所有种族主义之父的伟大撒旦，没有人切实地计划过至少是以现代形式存在的西方种族主义。这种种族主义没有确切的种族主义者。在自闭症领域里，可能是同样的情况。我不认为现实中存在真的大坏蛋，他集中了所有恶劣的行为，并且他导致了人们巨大的对自闭症的排斥。我认为这些排斥是一些细小行为的总和，这些细小行为甚至来自于最善良的人，甚至来自于那些致力于自闭症领域的人，这些人乍一看完全无可置疑。然而，他们拥有一个尊严策略，我把它称为一种十分讲究的措辞，它给予他们一个可信或应得的表象。高尚一词的本意，即符合他们所期待的作用的行为。但是，当人们花更多的时间和他们在一起时，会发现他们的仁慈并非如此。

此外，所有的事情不能以二分法简化为知–无知，前者会形成一种善意的行为，而后者则会导致自闭症患者遭受排斥。这种想法可能是错误的，即认为由于医疗机构负责人和社团负责人应该被纳入到自闭症领域内，就要让他们摒弃有关自闭症患者的老生常谈。对那些有质疑的人而言，甚至无需为了征求意见去复活那些旧时的精神科医生，我强烈建议，只需在某场讲座之前或之后，去听听那些杰出与会者所持有的观点，尤其是在晚宴结束时。

因此，通常更使我担心的是自闭症患者，而不是其他人。“肯定”属于一种禁忌。自闭症患者被认为是完美的实体，他们对非自闭症患者的非理性的和排他性的恶习一无所知，非自闭症患者被称为一般精神状态的人（NT），我一直避免使用这个词。少数由自闭症患者主导的协会创始人的实际经历体现出相反的一面。同样的权利斗争，同样的诬陷和诽谤，但这还不是最糟的情况。对这些困难做出解释的人士坚持认为，团队中可能有一些渗透进来的非自闭症患者。从而无法缓和的偏执和仇恨得到了稳固。尤其在美国，有些人真的受到了启迪，他们相信在自闭症患者统治下一个新世界即将来临。甚至相信自闭症患者的至高无上，这是一种新的实体，一个最终可以达到其历史完美的人种。

我认为，不要总是一副斗士的样子，这点很重要，因为现实的意义很快就会变得模糊不清，而所追求的原因会使得大脑神志模糊，从而遮蔽了世界的其余部分。

有关法国自闭症情况的无关紧要的新闻报道

以新闻形式所展现出来的内容特性就在于明天它就不再是新闻了。就这样，这些新闻一旦被打印出来可能就过时了。至少新闻中可能含有的错误会更加明显，从而引人发笑！这不是一个微不足道的胜利……

一些协会领导之间长期以来的互相敌视是众所周知的，但在自闭症被选为2012年“国家关注”主题前的几周或几个月，他们同意签署一份共同声明。人们也感觉到媒体开始具备更为成熟的态度，他们放弃了悲惨主义的角度（表现自闭症的痛苦），而采用了赞赏的角度（体现一些患有自闭症的孩子在心算方面的才能）。由于激动而浑身发抖的孩子们，看上去很腼腆，但是大家都很高兴看到他们。人们还同时希望，一些重大问题，比如住房问题，能最终受到重视。每届政府都持续地做出一定的努力，我们觉得，终于可以有所行动了。

2011年末到2012年初，一系列坏消息没有受到重视。第一个因素是总统选举，这无人能控制，选举活动不仅使媒体忽略了自闭症，还取消了对一般残障问题的关注。我不知道新政府要做什么——目前，负责残疾人事宜的新政府秘书似乎没有任何经验，他对残障问题的兴趣有限，就像他办公室里的大多数成员一样。第二个因素是战火的再次重燃，这场战争持续了很长时间，人们习惯把它表示为心理分析及其对手之间的论战。目前它的主要结果可能是给予官方以及文学或艺术事业的资助者一个无所事事的绝佳机会。第三个因素是自闭症领域内部争吵的再次燃起，而这是我们能直接控制的。仅仅几周的时间，承担“国家关注”主题活动的半统一平台分崩离析了。负责人尝试过掩饰困难，但是当局只是利用了他们。

我没有扮演好索蕾伊夫人的角色。我不能说这种情况将会继续下去。可能什么都不会发生。我的悲伤在于，所谓的自闭症年实际上已经结束了，人们所做的一切会把自闭症作为不惜一切代价要阻止的主题以及不能再重复的失败典型铭记于“国家关注”标签的负责人记忆中。此外，无论怎样，我的悲观主义是针对“国家关注”这一标签的总体效率而言的。

实用型研究的必要性

尽管我对思辨和无用之物有一定的品味，但是我认为，自闭症的小世界应该采取更为实用的态度，要确定一个具体的日程表。没有大量的内部清理，是无法制定日程表的。

让我们看看任意一个自闭症患者日常生活的展开过程。他独自一人或和亲人一起所要经历的几个阶段体现了在有关自闭症的任何可行政策中需要考虑的具体主题。理论讨论和人与人之间的争吵与这些主题没有任何关系。

退学这个例子，是人们最常讨论的主题之一，重要的应该是孩子的有效就学。然而，人们却更在意关于自闭症本质的无休止的长谈。还有诸如培训教师必须具备有关自闭症的专业知识，聘请AVS（学校生活助理，或其他类似的称呼），有系统地上小学、初中和高中等此类主题，这些举措能够且应该被实施，无需等待那些苦涩深奥的交谈结果——无论如何只要这些活动家还活着，这些交谈就永远不会有结果。

只要自闭症小世界中所特有的一些做法不被废除，恐怕实用型研究就无法实现。这些做法本身不构成绝对的特征，其他的协会也有类似的做法。自闭症患者协会应该完成自己的转变，这个过程必然伴随着痛苦——让人想到癌症、艾滋病及其他领域内政治财政的明争暗斗——但这么做是为了成为当局可信的、绝对的同盟。

无论愿意与否，从外部看似乎显而易见的事情，以及那些协会可靠性的最低标准都不得不考虑。没完没了的涉及自闭症的协会名单，还不包括医疗部门，但如果只考虑那些在运作期间经历过领导层实际变化的协会，这个名单数几乎为零。现任的协会主席，无论从权利还是事实上，都遵循着一定的标准。无论他们有怎样的功绩，这些人通常会首先描述他们自己的个人经历，他们对于协会管理工作的经验是有限的，为了更好地控制协会，他们经常或多或少地故意把协会限定在十分有限的规模内，但鉴于时间以及即成的舒适环境，最后便采取了完全违背道德的行为方式。非医疗性质的协会很少，非常少，这些协会确实会举行名副其实的全体会议，协会的账目也具有一定的实际性。

如果要对所有这些方面的变化有所期待，这个变化只可能来自外部。比如公共权力，它应该强制所有的协会遵循一个基本规则，这个规则尤其要明确权力人事更替的必要性，禁止超过一定年限后继续担任主席，还有对提前预算的有效监控，协会必须有公众加入，包括领导层。

但是自闭症患者也应该在协会中找到一个位置。协会，包括那些最大的且最受尊敬的协会，不只是没有考虑让自闭症患者进入管理层，甚至还在章程中明文禁止。长时间以来我寻思着，为什么某个协会费力地把不让自闭症患者参与投票或成为成员的条款纳入章程。在全体会议期间，面对一小撮自闭症患者的投票，这些有势力的协会害怕什么呢？这样做会显示出协会运作的反常情况，并且威胁到了大部分法国自闭症协会的基本原则，即男或女领导人终生个人家长式的特权。同样的，我完全赞成自闭症领域的外部人士加入到每个协会，甚至作为主席，这些外部人士不是专业人士，也不是自闭症患者或其父母。将一些不常见的经验带入领导层被证实更具说服力。

表面上来看可能不那么严肃，我认为，应该建立让媒体开展关于自闭症的连载报道的规则，以便净化协会运营。近几年来，我几乎很少听到或观察到，完整的专栏可以维持下去。

我的看法当然有些悲观，就所提出的措施而言，又可能显得十分理想化。另一方面，在思考自闭症患者问题的同时，我发现他们身上有一种心满意足的乐观主义。正常地来说，正是这种失望，以及远离任何重要或法定协会的行为意愿占有主导地位。

结论

自闭症的特殊性是什么？

列子生活在2500多年前，他在《冲虚经》中讲述了一个小故事，我用自己的话来重新表述一下：秦国的逄老爷有个儿子，他长大后成了疯子，完全以相反的方式来感知事物：对别人来说是柔和的香味，对他而言则是令人恶心的气味，美味的东西在他看来似乎难以下咽。逄老爷听从了一位朋友的建议，出发去寻找"鲁国的高人"，其实就是孔子，像列子这样的道家思想家都不太喜欢孔子。路上，他遇到了老聃。后者对他说了类似这样的话：假设除你之外所有的家人都有和你儿子一样的想法，那么，你就成了疯子。谁能够绝对地评价某物是诱人的、快乐的和美丽的呢？鲁国的高人，是最疯狂的人，他怎么可能治愈所有人？你还是省下旅费，回家去吧。

中国的故事通常很残酷。自闭症患者的生活也同样如此。我们原以为已经获得了自列子以来几个世纪的智慧，然而这些智慧可能被误解了。

当我独自一人待在房间里的时候，我不觉得自己是自闭症患者。而当我出门走在大街上，我便会遇到问题和困难。在我的内心世界，我有反思、行动和思考的自由，我的思考与任何人的内心思考相比本质上没有更多的限制。困难在于当我尝试将想法付诸行动时，可能成功也可能失败——通常都是失败。我是否一直都是自闭症患者呢？当我在外面的时候？如果我不再出门，我还是自闭症患者吗？如果我居住在佛教寺院，在那里社会规则尤其严厉，而且不需要长时间的闲聊，那么，在学习阶段结束时，可能我会比别人更自在，我原有的残疾是否成了优势呢？或者，用老聃的论据来说：当一个非自病症患者与几个自闭症患者在一起时，谁会处于痛苦之中呢？

人们经常以这样一个事实来反驳自闭症与非自闭症之间的对称论题，即自闭症伴有严重的缺陷，比如失语，这会令生活十分痛苦。我不愿意再次质疑这点，我想到了三个因素。

第一，还未完全证实自闭症在何种程度下伴有决定性缺陷，却没有导致语言缺失——许多失语的孩子并不是自闭症患者，相反他们可能曾经被快速诊断为自闭症，而这些孩子不应该接受这样的诊断。

第二，说话能力的问题是从社会角度来确定的，离这儿不远的卡拉卡尔帕克斯坦自治共和国的古老游牧族，或中亚其他地区的游牧族，直至最近才能过上体面的生活，比如作为牧羊人，他们几乎没有语言能力。许多人都有过这样的评价：在所有的现代社会中，最排斥有缺陷的年轻自闭症患者的社会恰恰是我们的社会——西方社会。这的确是一个令人痛苦的评价。但是，该对一位母亲说什么呢？她和儿子一起从非洲度完暑假回来，儿子在法国没有任何其他的前途，只是封闭地生活在一所学院里，母亲在你面前展现出灿烂的笑容，说她的孩子在那里就是村里的国王，他参与了其他孩子的所有游戏。

第三，缺陷总是十分有限的。狄德罗在让他进监狱的那本著作《盲人书简》中，把盲人的失明比做小飞虫的处境，它没有手臂却有翅膀。客观地来说，大部分人不会感觉到自己没有翅膀去飞行，而这可能是非常有用的。这样的例子数不胜数：不吸烟的人无法感受吸烟的需求，大部分男人无法感受怀孕和生产——当有人提出这样的问题时，经常使女人烦恼——或者，再来听听列维纳斯的一句话，犹太人在弥撒时不觉得需要耶稣，这个事实引起了基督徒的愤慨。这里涉及了比说话能力更重要的主题。

不久之前，我完全出于偶然遇到了一位在医疗教育学院（IME）工作的人。我承认我向她提了一个有点直接且挑衅的问题：在她看来，患有自闭症的孩子待在IME里是否好？有什么理由让患有自闭症孩子的家长把孩子寄放在IME里？她提出了两个理由作为回答。第一个理由：IME环境要比普通学校更加适合患有自闭症的孩子。第二个理由：患有自闭症的孩子能更少地面对与普通学校里没有患自闭症孩子相比所表现出的相异性。我预料到了这类答案，我对她说，可能我在方式上有些恶毒，其实患有自闭症的孩子的残疾是没有患自闭症孩子的特殊情况，随即便是一阵沉默……如此粗暴的说法的确是错的，因为这种说法过于歪曲了事实，但是我认为，无论如何这样的断言是正确的。患有自闭症的孩子被置于IME，不是因为其所特有的、被假定的缺陷，拿芯片比喻，患自闭症的孩子就像运行太慢或是不适合运行大部分任务的芯片，只是因为其他芯片具有一种属于它们的运行模式，所以人们认为两种模式最好被分开，两者之间最好没有过于密切的联系——这个理由，这个社会的基础，以医学的方式被表达了出来。有人说：因为孩子有阿斯伯格征，这是一种广泛性发育障碍症，而我究竟知道些什么，这解释了关于孩子或成人的某种社会行为。

在一场友善的茶会座谈中可能会有这些无聊的议论，类似的情况下，患有自闭症的孩子的父母面对一个权威人士——或是医学方面的，或是学校方面的，或是其他方面的，不会再有这样具有解构意义的谈话了，我冒昧地使用一个时髦的词汇——解构。人们都认为自己有责任遵照一整套命令，这些命令多少有所暗示，但是却十分粗鲁和严厉。总是试图把一切的本质归因为自闭症患儿：因为他是自闭症患者，所以由于他的自闭症，应该做这做那。

病人及其拯救者

当人们行走在西方大城市里，有时会遇到一个友好的怪人，他建议我们去参加牛津测试——一个普通的测试，它当然和牛津大学没有任何关系。做完测试后，一位非常有礼貌的先生或夫人便会邀请我们参加一场免费的会议来分析测试结果。在一间办公室里，另一个人感同身受般的以一种同情的口吻说道："啊！你的生活很痛苦啊！你怎么能忍受呢？我很钦佩你。你不能独自承受痛苦，我们可以帮助你，我们可以向你推荐一些读物……"过了一会儿，你就发现手上拿着几本"罗恩"的书，这是大家给他起的昵称，而你的钱从此就进了科学论教会的账户了。

这个例子的确有些突然。有人会说，和本书一点也不匹配。我认为，它表明了在我们的社会中痛苦的重要性，以及人们带着一种轻松自如的态度，可以利用他人的痛苦使之成为任意企图的实施对象。在自闭症的世界中，许多人便拥有这样的职业，骗取承受着痛苦的人的巨额钱财。在残疾的世界里，一般来说，很多协会相互争斗，是为了阻止把残疾和团结联系在一起：这是慈善组织的方式，虽然这种方式从外界来看是有趣的，即使是由无趣的人来实现。但这远不是一贯的情况，这种慈善组织的方式很少会得出建设性的解决方案。唉！自闭症的小世界，与一般的残疾相比，在心理成熟方面落后了几十年。

还有更糟的。痛苦的问题可以被拆分为好几个与自闭症相关的主题。换句话说，用佛教的表达方式来说，就是痛苦的假定终止可能只解决了其他一系列问题中的一部分。再换一种说法：假设我非常痛苦，如果你能消除我的痛苦，是否我的机能结构、我的特殊性，如自闭症或其他的，就真的有所改变呢？就好比你断了一条腿，你服用止痛片，但是你明白腿还是断的；也许，如果你的想法正相反，那么就很危险，因为你会试着相信自己的腿痊愈了，便会去做一些只会加重腿部伤情的动作。痛苦是存在的，它非常重要，但是你能想象没有痛苦的生活吗？

漫长的痛苦经历可能会令人惊讶，它的结局不仅仅具有思辨性。我既没有才能也没有强烈的愿望去建立一个新的有关痛苦的理论，它纯粹是实践方面的。因为，我曾多次被研究自闭症的专业人士询问，他们对这个主题的坚持让我感到惊奇，以至于我认为自己明白了，自闭症患者的痛苦对医生而言是生活必需品。在失望的情况下，即没有痛苦，后者有时会求助于不可辩驳的论据：你太痛苦了，以至于你甚至都无法感受到。这是有可能的，但要除去任何理性讨论的可能性。对麻醉状态下的手术病人而言是令人不快的，他们甚至不知道有人正在把他们切开。

我的一些朋友有更为粗暴的表达方式，他们认为理性是对痛苦的唯一管理方式。在他们看来，打包疗法、药物和其他自闭症的治愈方式是必需品……对医生而言，这些疗法使其在心理和收入上得到平衡。我大致理解，我不喜欢被当做专业人士，人们对专业人士是有所期待的，而他却无法给家长什么建议。我让每个人自己去评判。我个人喜欢科吕什的一句话，他大致是这么说的：“从前，我在床上撒尿，我感到羞愧。于是我去找了一位专家看病，我花了1万法郎。现在，我和从前一样会在床上撒尿，但是我为此自豪。”

幽默

一天，讲座结束时，一位夫人十分惊讶地问我为什么要讲笑话，因为没有人认为我会讲笑话。还有一次，更令人难堪，一位母亲抨击我说，不能肆无忌惮地嘲笑，对自闭症的嘲笑抹去了其处境的重要性。如果我的笑话冒犯了什么人，我很遗憾。但是我的生活里不能没有小笑话。也许我缺乏真正的才能，戏剧演员的才能，或确切地说表演短剧的才能。我认为，人类无论愿意与否都会笑的。可能人类学中存在着一种半常量，当然我不能论证这点。

对于我有幸与之经常来往的自闭症成年患者，如果我应该只记住他们身上的一件事情，可能就是他们都非常幽默。当然，必须去发现这一点，费点力去看到它的存在，它和人们所熟识的幽默是不同的。必须接受这样的想法，即没有绝对的幽默，那些能让我们发笑的小笑话不是通用的，也不是最好的。

举个例子：小时候，我知道一些有关苏联领导人、苏联科技、苏联间谍的笑话……如今，我还能讲出十几个关于勃列日涅夫的笑话。当时，人们捧腹大笑。勃列日涅夫从未统治过苏联，但是人们了解，或至少能猜想到一些笑话。有一段时间，里根也成了苏联笑话的粉丝。他在会议期间讲这些笑话，甚至是在十分严肃的会议上。人们都很喜欢这些笑话。而今天就行不通了，人们甚至不知道勃列日涅夫是谁，也不知道他那些可能引起嘲笑的特点。当我和一些女心理学家朋友在一起时，我的笑话目录就很有限了。如果我不小心试着对她们讲那个时期的笑话，她们会把这些笑话当做自闭症学究式独角戏的无数次变形。幸运的是，鉴于我的年龄，而且我们是老朋友了，她们不会把我的笑话当真。相反，我不安地想到曾经被我带去诊病的那个男孩，我曾想以我的方式讲个笑话来缓和气氛，这个笑话真的很好笑，而它终究还是会让人质疑自闭症患者及其拯救者之间的角色分配关系。

人类是复杂的

有时，当我使用“有自闭症的人”这个表达方式的时候，有人责备我。人们不能“有”自闭症，就像有一块手表，人们可以“是”自闭症患者。因此，可能出于挑衅，我继续使用“有自闭症”这个说法，同时也会交替使用其他的表达方式。不是因为我认为有一天人们可以有自闭症，就像拥有一个箱子（心理分析家和精神治疗笑话的爱好者会说一把伞），第二天能把它留在家里，但因为对这种可能性的简单暗示阐明了一个事实，即这个人，无论发生什么，摆脱了他的箱子。

总之，我认为，人类是非常复杂的。永远不能只用一个标准来描述人类。正是因为如此，我不能用自闭症来定义自己。自闭症是我的特点之一，就好像，比如，我的身高大概是1米95。自闭症对我的唯一屏障，假设存在这样一个屏障，并且是唯一的，是让我不能体会到我的个性，就像不能体会到他人的个性一样。我怀疑理论，理论想要把人类简化为时钟机制。我认为，人类要复杂得多，而且处在不断的变动中。我们不能把人类封闭起来，不要把我们封闭在一个格子里。我们可能还缺少一个格子。